供应链延保服务渠道策略研究

张永芬　魏　航 ◎ 著

Research on
Extended Warranty Service Channel Strategies
in Supply Chain

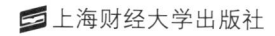

上海财经大学出版社

图书在版编目(CIP)数据

供应链延保服务渠道策略研究/张永芬,魏航著.—上海:上海财经大学出版社,2023.8
ISBN 978-7-5642-4189-6/F·4189

Ⅰ.①供… Ⅱ.①张…②魏… Ⅲ.①供应链管理-研究 Ⅳ.①F252.1

中国国家版本馆CIP数据核字(2023)第097748号

上海财经大学"中央高校基本科研业务费"资助出版

□ 责任编辑　李嘉毅
□ 封面设计　张克瑶

供应链延保服务渠道策略研究
张永芬　魏　航　著

上海财经大学出版社出版发行
(上海市中山北一路369号　邮编200083)
网　　址:http://www.sufep.com
电子邮箱:webmaster@sufep.com
全国新华书店经销
江苏苏中印刷有限公司印刷装订
2023年8月第1版　2023年8月第1次印刷

710mm×1000mm　1/16　10.5印张(插页:2)　151千字
定价:65.00元

前　言

近年来,新一代信息技术以及新一轮产业革命正在推动传统制造向服务型制造转型发展。所谓服务型制造,是制造企业通过增加服务要素在投入和产出中的比重,从传统的以提供产品为主向提供"产品＋服务"为主的商业模式转变,是先进制造业与现代服务业深度融合发展的新业态。制造企业拓展依托产品的服务业务,最终为客户提供集产品、知识、服务为一体的"产品服务包",有利于提高产品的附加值和市场占有率,延伸和提升价值链,获得新的利润增长点,提高核心竞争力。国内外已有众多制造企业向服务型制造转型发展,服务收入已占总收入的重要部分。例如,中国的海尔集团已成功转型为服务型制造企业；美国的曾以生产计算机而闻名的 IBM 现在却是信息技术服务业的领先企业,2021 年,IBM 70% 以上的年度营业收入来自软件和咨询服务。

在耐用品制造行业,产品的售后支持、维修服务在产品生命周期中所占的时间最长。但随着现代社会经济的快速发展,汽车、空调、电脑等耐用消费品逐渐普及,产品质保期与其使用寿命之间的差距进一步扩大,超过质保期后各种零部件损坏的隐患增大,产品将不可避免地面临维修或保养问题,消费者为此要额外付出不菲的费用。因此,产品延保服务迅速崛起,一经推出就受到消费者和企业的广泛关注。延保服务作为产业链上延伸出来的新兴业务,在时间上和内容上对质保服务进行了拓展,提高了消费者的满意度和品牌忠诚度,成为企业抢占市场和树立品牌的重要手段,也成为企业新利润的重要来源。

作为产品的提供者,制造商率先推出延保服务。例如,华为规定消费者购买产品后可在 10 个月内购买华为官方延保服务,苹果规定消费者购买产品后可在 2 个月内购买苹果官方 AppleCare 延保服务。近年来,随着网络的发展,大型零售商迅速崛起,并纷纷推出延保服务。例如,国美、天猫和京东纷纷推出延保服务。由于延保服务依附于产品,两者具有互补效应,因此延保服务的引入往往会影响产品的定价和渠道模式,而产品的定价和渠道模式也会影响延保服务的定价和渠道模式。当同时考虑产品市场和延保服务市场时,供应链产品、延保服务定价及渠道模式将更加复杂。因此,供应链制造商和零售商如何权衡售后与营销的关系,设计合理的产品、延保服务定价以及渠道模式,就成为制造商和零售商获取竞争优势、实现盈利增长的关键问题。

目前国内外学者关于产品延保服务渠道的研究主要是基于产品单渠道、单一主体提供延保服务。事实上,一方面,互联网和信息技术的发展使得越来越多的制造商通过双渠道销售产品;另一方面,延保服务具有较高的利润,目前供应链中出现了制造商和零售商同时提供延保服务的情形。因此,本书基于不同的产品渠道结构研究单主体(制造商或零售商)提供延保服务以及双主体(制造商和零售商)同时提供延保服务时,供应链延保服务的提供、销售选择以及渠道开放等渠道策略问题。本书的核心框架体系包括以下几点:

(1)产品单渠道的供应链延保服务渠道策略研究。该部分考虑由一个制造商和一个零售商组成的供应链,制造商的产品由零售商销售,延保服务由制造商或零售商提供。考虑到产品质量对延保服务供应链的重要影响,本书将其作为连续的内生变量,建立了无延保服务的基本模式、制造商提供延保服务的模式和零售商提供延保服务的模式,并且对比分析了不同渠道模式下的产品质量、产品需求、制造商和零售商的利润,提出了制造商和零售商提供延保服务的条件。

(2)产品双渠道的供应链延保服务渠道策略研究。该部分考虑由一个制造商和一个零售商组成的供应链,制造商的产品通过双渠道销售,延保服务由制造商或零售商提供。建立了无延保服务的基本模式、制造商提供延保服务的模式和零售商提供延保服务的模式。对比分析了不同渠道模式下的均衡结果和最大利润,最后通过数值算例进一步研究了渠道吸引力对制造商和零售商最优延保服务渠道策略的影响。

(3)产品单渠道且延保服务竞争的供应链延保服务销售策略研究。该部分考虑由一个制造商和一个零售商组成的供应链,制造商的产品由零售商销售,制造商和零售商同时提供延保服务。制造商的延保服务销售有两种策略:一是只在直销渠道销售,二是同时在直销和分销双渠道销售。零售商的延保服务销售也有两种策略:一是自营延保服务(独立销售延保服务),二是分销制造商的延保服务。通过研究不同延保服务策略下制造商和零售商的最大利润,提出了制造商的延保服务双渠道销售策略和零售商的延保服务销售选择策略。

(4)产品双渠道的供应链延保服务开放策略研究。该部分考虑由一个制造商和一个零售商组成的供应链,制造商产品通过直销渠道和零售渠道双渠道销售,制造商和零售商分别在各自渠道销售相同产品和不同质量的延保服务。按照制造商和零售商是否向购买对方产品的消费者开放延保服务,将延保服务开放策略分为双方均不开放延保服务、仅制造商开放延保服务、双方均开放延保服务。对比分析了不同策略下的定价以及制造商和零售商的利润,得到了制造商和零售商开放延保服务对定价和各自利润的影响,提出了制造商和零售商的延保服务开放策略。

本书的主要研究结论和管理启示如下:

(1)考虑产品单渠道,制造商或零售商提供延保服务,制造商和零售商提供延保服务时都可以提高产品质量和产品需求,且大部分情况下,由零售商提供延保服务可以获得更高的产品质量,满足更高的产品需求和延保服务需求。零售商和制造商都可以从对方提供延保服务中"搭便车"获利。对零售商来说,制造商和零售商延保服务成本系数比、产品故障率和产品质量相关系数等决定了由哪一方提供延保服务更有利;对制造商来说,当其延保服务成本比零售商具有更大优势时,自己提供延保服务更有利,否则,由零售商提供延保服务更有利。

（2）考虑产品双渠道，制造商或零售商提供延保服务，制造商提供延保服务会降低产品批发价；制造商和零售商提供延保服务均会使产品零售价降低，且均能增加双方的利润。对制造商来说，当其直销渠道更有吸引力时，自己提供延保服务更有利；否则，由零售商提供延保服务更有利。对零售商来说，无论其渠道吸引力如何，都是由自己提供延保服务更有利。

（3）考虑产品单渠道，制造商和零售商同时提供延保服务，制造商双渠道销售延保服务和零售商自营延保服务对各自并不总是最优策略。当消费者对延保服务价格较敏感时，制造商单渠道销售延保服务同时零售商自营延保服务是双方的最优延保服务销售策略；否则，制造商双渠道销售延保服务是双方的最优延保服务销售策略。当制造商延保服务成本较小且零售商延保服务成本较大时，制造商双渠道销售延保服务是双方的最优延保服务销售策略；反之，制造商单渠道销售延保服务同时零售商自营延保服务是双方的最优延保服务销售策略。

（4）考虑产品双渠道，制造商和零售商同时提供延保服务，制造商开放延保服务会使产品批发价降低，因而并不总能增加利润；同时，零售商延保服务定价降低，但当制造商延保服务成本较大时，零售商产品定价提高，所以零售商利润未必受损，有时还会增加。零售商开放延保服务会使产品批发价进一步降低，但延保服务定价保持不变。当制造商的延保服务成本较小时，制造商开放延保服务能同时增加双方的利润。数值分析发现：零售商总是偏好于开放延保服务，当零售商的延保服务水平较低或者制造商的延保服务成本较小时，制造商应开放延保服务。

编 者

2023 年 6 月

目 录

第一章 绪论/001
  第一节 研究背景/001
  第二节 研究目的和研究意义/006

第二章 供应链延保服务研究现状述评/009
  第一节 质保服务的研究/009
  第二节 延保服务的作用及影响因素的研究/014
  第三节 延保服务决策方面的研究/016
  第四节 供应链延保服务的研究/019
  第五节 双渠道供应链的研究/025
  第六节 本书的主要内容/027

第三章 产品单渠道的供应链延保服务渠道策略研究/030
  第一节 研究背景/030
  第二节 问题描述与模型/032
  第三节 三种延保服务渠道模式下制造商和零售商的最优决策/036
  第四节 模型对比分析/039
  第五节 算例分析/043
  第六节 本章小结/051

第四章 产品双渠道的供应链延保服务渠道策略研究/053
  第一节 研究背景/053
  第二节 问题描述与模型/055
  第三节 三种延保服务渠道模式下制造商和零售商的最优决策/058

第四节 模型对比分析/062
第五节 算例分析/065
第六节 本章小结/070

第五章 产品单渠道且延保服务竞争的供应链延保服务销售策略研究/072
第一节 研究背景/072
第二节 问题描述与模型/074
第三节 两种延保服务模式下制造商和零售商的最优决策/077
第四节 模型对比分析/081
第五节 算例分析/083
第六节 本章小结/090

第六章 产品双渠道的供应链延保服务开放策略研究/093
第一节 研究背景/093
第二节 问题描述与假设/096
第三节 产品需求及延保服务需求/099
第四节 三种延保服务开放策略下制造商和零售商的最优决策/102
第五节 不同延保服务开放策略下最优决策及利润的对比分析/105
第六节 零售商延保服务单通时的最优决策/110
第七节 算例分析/111
第八节 本章小结/118

第七章 总结与展望/120
第一节 管理启示/120
第二节 未来展望/124

参考文献/126

附录/140

第一章 绪 论

第一节 研究背景

一、传统的生产型制造向服务型制造转型发展

随着世界经济格局由"工业经济"向"服务经济"转变,服务业在国民经济中的地位不断攀升,服务业已经成为国民经济增长的重要支柱之一(唐晓华等,2018)。传统的生产型制造也积极向服务型制造转型发展,制造企业通过不断增加服务要素在投入和产出中的比重,向产业链上下游环节拓展,从传统的以提供产品为主向提供"产品+服务"为主的商业模式转变(李晓华,2017;徐佳宾和孙晓谛,2022)。发展服务型制造有利于延伸和提升价值链,提高产品的附加值和市场占有率,有利于制造企业参与全球产业链分工,保障产业链稳定,从而提升制造企业核心竞争力。

改革开放以来,我国制造业持续快速发展,特别是近年来,我国持续保持世界第一制造大国地位。为了提升我国制造业核心竞争力,实现我国从制造大国向制造强国迈进,2015年,国务院出台了实施制造强国战略的文件——《中国制造2025》,首次提出要"加快制造与服务的协同发展,推动商业模式创新和业态创新,促进生产型制造向服务型制造转变"。随后,为贯彻落实《中国制造2025》,工信部、国家发改委、中国工程院三部委联合印发《发展服务型制造专项行动指南》提出"推动服务型制造向专业化、协同化、智能化方向发展"。2017年,国家发改委印发《服务业创新发展大纲(2017—2025年)》,明确提出要推动服务向制造拓展,搭建服务、制造融合平台,强化服务业对先进制造业的全产业链支撑。2020年,工信部等15个部门联合发布《关于进一步促进服务型制造发展的指导意见》,再次明确,要积极利用工业互联网等新一代信息技术赋能新制造,催生新服务,推动先进制造业和现代服务业深度融合。

  生产型制造向服务型制造转型发展,要围绕产业链延伸,不断推动产业链由价值低端向价值高端迈进。根据"微笑曲线"理论,产品服务处在产业链价值的高端,所创造的价值约占整体价值的三分之二,产品生产制造却处在产业链价值的低端,所创造的价值约占整体价值的三分之一。而且与产品相比,服务较不易被模仿,所以,越来越多的制造企业通过产品研发、技术咨询、售后服务和定制化服务等服务,甚至通过为客户提供一站式解决方案来提升差异化竞争优势,提高顾客忠诚度,并从中获取新的价值增长点。例如,法国米其林轮胎(Michelin)通过产业链重组,逐渐将加工制造环节转移出去,从而集中力量开展产品设计、市场营销、品牌维护、客户管理和流程控制等,从制造企业转型为服务提供商(童有好,2015)。

  当前,从整体来看,我国多数制造企业开展服务型制造尚处于初级阶段,服务化产出水平还比较低(孙永波,2020)。但是,国内也有部分先进制造企业成功转型为服务型制造企业。例如,世界著名家电制造企业海尔集团,是全球最大的家用电器制造商之一,海尔集团早期通过为用户提供优质的配送、安装、维修等售后服务打造品牌声誉,成功转型为服务型制造企业,学术界有诸多文献对海尔集团的服务化转型进行了研究(简兆权等,2017;赵艳萍等;2018)。烟台持久钟表集团更是从单一制造商转化为服务提供商的典范,其在2017年荣获中国首批"服务型制造示范企业"。烟台持久钟表集团搭建了"钟联网"时间服务系统,将销往世界各地的时钟通过网络联系在一起,通过远程控制对时钟进行统一校时、统一监控,出现问题能及时发出提醒,为用户提供全生命周期的服务系统(颜廷标,2019)。制造企业通过提供服务不仅满足了客户个性化需求、延伸了企业价值链，而且给制造业增加了新的利润来源，服务对制造企业产值和利润的贡献也在不断提升。

二、制造商和零售商纷纷布局产品延保服务

在耐用品制造行业，产品的售后服务(After-sale Service)贯穿产品全生命周期。企业通过开展与其产品配套的售后服务，如产品零部件更换、产品保养维修、产品软硬件升级、产品回收等服务，不仅延伸了企业的价值链，而且提高了消费者的满意度和忠诚度，成为企业抢占市场和树立品牌的重要手段。这些服务不仅成为企业新利润的重要来源，而且可以作为弥补产品质量不足的手段(蔺雷和吴贵生，2009)。众所周知，产品如果在质保期内发生故障，制造商就会对其提供保修或者免费更换服务。但随着现代社会经济的快速发展，汽车、电视、空调、电脑等耐用消费品逐渐普及，产品质保期与其使用寿命之间的差距进一步扩大，超过质保期后各种零部件损坏的隐患增大，产品将不可避免地面临维修或保养问题，消费者为此要额外付出费用。于是，迅速崛起的延保服务(Extended Warranty Service)一经推出就受到消费者和企业的广泛关注(Kelley和Conant，1991)。产品延保服务是指消费者对所购买的产品额外付费购买的延长保修服务。当产品的基础质保期结束后，购买延保服务的消费者可以继续享受延保期内的免费保修服务。产品延保服务的一般内容有保修与保养、维修调试、软硬件升级、原厂配件、废旧品回收等，这些服务几乎覆盖了产品的整个生命周期。产品延保服务有时也被称为技术服务(Arnold，2000)，或者被称为产品相关服务(Lam和Lam，2001)。

对于消费者而言，购买延保服务可以节约延保期内不确定的、高昂的产品维修费用；对于企业来说，由于产品只有在延保期内发生故障，才会产生相应的维修费用，因此延保服务具有较高的利润。延保服务作为产业链上延伸出来的新兴业务，不仅可以帮助消费者降低产品质量风险，提高消费者的满意度和品牌忠诚度，而且可以作为传递产品质量的信号，所以成为企业竞相追逐的新盈利模式，延保服务收入已成为企业营业收入

的重要部分。2020年，戴尔公司和百思买公司的营业利润中延保服务占比分别高达29.8%和50%，苹果AppleCare延保服务收益增长35%（李春发等，2022）。此外，消费者购买了延保服务，会相应增加产品的使用时间，延迟产品的报废时间，从而降低了资源浪费和对生态环境的污染。

制造商作为产品的提供者，在厂房、设备、技术、人才等方面具有提供延保服务的天然优势，因此，早期的延保服务大多是由品牌制造商提供的，例如，苹果、三星、华为等。近年来，随着互联网和新一代信息技术的发展，大型零售商迅速崛起。对大型零售商而言，在享受了电子商务带来的红利和爆发式的增长后，急需创新商业模式以寻求新的利润增长点，而提供延保服务既可以提高消费者满意度，促进产品需求增加，也可以增加消费者对零售品牌的忠诚度。由于零售商掌握大量的厂商品牌和消费者资源，具有较低的渠道成本和较多的需求信息，在产品和延保服务销售上更具优势，因此，越来越多的零售商纷纷推出自己的延保服务。国美率先于2006年在国内推出3C类商品的延保服务，一年后便推广至全品类商品（易余胤和姚俊江，2015）。苏宁电器于2008年9月推出延保服务产品"阳光包"，在当年便获得了2 289万元的销售收入，2010年"阳光包"的销售收入更是达到了4.31亿元（姚俊江，2014）。随后，作为零售巨头的京东和天猫也纷纷推出延保服务。在美国，零售商几乎对所有耐用品提供延保服务（Jiang和Zhang，2011），例如，美国最大家用电器和电子产品零售集团百思买对旗下所有产品均提供全方位延保服务。延保服务为零售商带来了丰厚的利润（Maronick，2007；Li等，2012）。

由于延保服务依附于产品，产品和延保服务具有互补效应，因此延保服务的引入往往会影响产品的定价和渠道模式，反之，产品的定价和渠道模式也会影响延保服务的定价和渠道模式。当同时考虑产品市场和延保服务市场时，供应链的产品、延保服务定价及渠道模式将更加复杂。例如，考虑由一家制造商和一家零售商组成的供应链系统，制造商的产品可以只在零售分销渠道销售，也可以在网络直销和零售分销双渠道销售；延保服务可以由制造商提供，也可以由零售商提供，或者由制造商和零售商同时提供。因此,供应链中制造商和零售商如何权衡售后与营销,设计合理的产品、延保服务定价以及延保服务渠道模式,就成为制造商和零售商获取竞争优势、实现盈利增长的关键问题。

现有研究中,对供应链产品延保服务的研究主要是基于产品单渠道、单一主体提供延保服务,鲜有文献研究产品双渠道,且供应链中制造商和零售商同时提供延保服务的问题。事实上,一方面,互联网的高速发展改变了传统的商业模式,越来越多的制造商通过零售分销和网络直销双渠道销售产品;另一方面,提供延保服务可以获取差异化竞争优势和提高利润,目前供应链中出现了制造商和零售商同时提供延保服务的情形。因此,本书聚焦供应链不同产品渠道和延保服务渠道下制造商和零售商的产品定价、延保服务定价和延保服务渠道策略问题。按照由浅入深,层层推进的思路首先考虑两种不同的延保服务提供模式——单一主体(制造商或零售商)提供延保服务,双主体(制造商和零售商)提供延保服务。构建了延保服务的大框架后,分别在每一种延保服务提供模式下考虑产品单渠道和产品双渠道,共构建了四种不同的产品渠道和延保服务提供模式,研究供应链的延保服务提供、销售及开放等渠道策略问题。表1.1描述了本书四种不同的产品渠道和延保服务渠道模式。

表1.1　　　　四种不同的产品渠道和延保服务渠道模式

延保服务提供主体 \ 产品渠道	单渠道	双渠道
单主体	单主体,单渠道	单主体,双渠道
双主体	双主体,单渠道	双主体,双渠道

依据表1.1的思路,本书首先研究供应链中产品单渠道、由单一主体提供延保服务时,制造商和零售商的最优延保服务渠道策略;然后研究供应链中产品双渠道、由单一主体提供延保服务时,制造商和零售商的最优延保服务渠道策略;接着研究供应链中产品单渠道、制造商和零售商同时提供延保服务时,制造商的延保服务双渠道销售策略以及零售商的延保

服务销售选择策略;最后研究供应链中产品双渠道、制造商和零售商同时提供不同的延保服务时,制造商和零售商的延保服务开放策略。

第二节 研究目的和研究意义

一、研究目的

本书针对现实中出现的商业案例和管理问题,结合产业组织理论、经济学理论、博弈论、优化理论、消费者行为理论,利用 Matlab、Mathematica 等研究工具,结合国内外现有的研究理论和延保服务的研究现状,基于供应链不同主体提供延保服务和不同的产品渠道结构,开展对供应链延保服务渠道策略的研究,分析供应链制造商和零售商如何制定最优产品与延保服务定价决策,以及不同的延保服务渠道策略对供应链成员利润和供应链系统绩效的影响。理论上,补充现有关于延保服务渠道研究的空缺;实践中,为企业制定最优产品定价、延保服务定价以及延保服务渠道策略提供决策参考。具体来说,本书的研究目的主要有以下五点:

第一,分析传统制造向服务型制造转型的内涵和意义,梳理延保服务发展的起源和现状,阐述质保服务和延保服务领域国内外的研究成果。

第二,当制造商或零售商提供延保服务时,在产品单渠道情况下,探索产品质量对延保服务供应链的影响机理,寻找制造商和零售商的最优定价决策、最优延保服务渠道策略以及制造商的最优产品质量水平。

第三,当制造商或零售商提供延保服务时,在产品双渠道情况下,探索制造商和零售商的最优定价决策、最优延保服务渠道策略,比较产品单渠道和双渠道下供应链延保服务渠道策略的异同。

第四,当制造商和零售商同时提供延保服务时,在产品单渠道情况下揭示制造商延保服务双渠道销售的条件;同时,探究零售商的延保服务销售选择策略。

第五,当制造商和零售商同时提供延保服务时,在产品双渠道情况下,探寻制造商和零售商的延保服务渠道开放策略。

二、研究意义

对耐用品制造企业而言,为产品提供售后延保服务已成为制造商延伸企业价值链、增强差异化竞争优势和提高消费者忠诚度的重要手段。随着网络经济的快速发展,大型零售商迅速崛起。零售商由于掌握大量厂商品牌和消费者资源,具有较低的渠道成本和较多的需求信息,因此也纷纷布局延保服务。所以,本书聚焦供应链的延保服务定价和渠道设计具有重要的理论和现实意义。

本书基于目前复杂的产品渠道结构和延保服务渠道结构,兼顾产品市场和延保服务市场,考虑产品和延保服务的互补效应,综合运用消费者行为理论、博弈论、优化理论等,分别研究不同的产品渠道结构和延保服务渠道结构下制造商和零售商的最优产品定价决策、延保服务定价决策和最大利润,提出制造商和零售商的最优延保服务渠道策略,为供应链企业的延保服务提供决策参考。具体的研究意义如下:

第一,考虑产品质量对延保服务供应链的重要影响,研究供应链在不同延保服务渠道下产品质量的变化,奠定了基于质量分析延保服务的基础模型,丰富了供应链延保服务研究文献,拓展了供应链延保服务研究视角。

本书首先在产品单渠道结构下,研究基于产品质量的供应链延保服务渠道策略问题。将产品质量作为连续的内生变量,建立了无延保服务的基本模型、制造商提供延保服务的模型和零售商提供延保服务的模型,进而得到了模型的最优解以及制造商和零售商的最大利润,并对三种模型进行了对比分析,最后利用算例对结果进行了进一步的研究。基于三种模型的比较分析,剖析了供应链延保服务主体决策的影响因素以及决策结果,奠定了基于质量分析延保服务的基础模型,丰富了供应链延保服务的研究文献,拓展了供应链延保服务的研究视角,具有一定的理论价值。基于理论分析、算例研究,阐述了供应链的不同延保服务模式及其对决策主体的影响,具有重要的启示性。

第二,分别在产品单渠道和双渠道结构下构建了制造商和零售商的延保服务竞争模型以及延保服务开放时的延保服务需求转移模型,研究了制造商和零售商同时提供延保服务时延保服务的销售及渠道开放问题,奠定了基于延保服务竞争的基础模型,丰富了供应链中制造商和零售商同时提供延保服务的理论研究。

本书基于现实中制造商和零售商同时提供延保服务的案例,聚焦制造商和零售商同时提供延保服务时的产品定价、延保服务定价和延保服务渠道策略。基于制造商和零售商延保服务竞争的视角,分别就产品单渠道和双渠道两种情形下制造商和零售商同时提供延保服务的供应链建模,分别构建了线性需求函数和效用需求函数来刻画制造商和零售商的延保服务竞争。研究了制造商和零售商的最优产品定价、延保服务定价及延保服务的销售和渠道开放策略,构建了基于延保服务竞争供应链的基础模型,具有重要的理论价值。同时,基于理论研究、算例分析,阐述了不同延保服务策略对决策主体的影响,具有一定的现实意义。

第三,为供应链节点企业制定最优的产品和延保服务定价及延保服务渠道策略提供了有益的决策建议,具有重要的现实意义。

产品延保服务除了能拓展企业的利润来源,还能增加其在市场中差异化竞争的优势和消费者对产品的满意度。此外,企业提供延保服务能掌握大量消费者使用产品的习惯、产品发生故障以及产品性能方面的数据,对企业改进产品质量、优化产品设计等方面有着重要的作用。本书的研究围绕供应链延保服务渠道策略展开,研究不同产品渠道结构和延保服务渠道模式下制造商和零售商最优定价决策、延保服务渠道策略以及供应链系统的绩效,这对指导企业合理布局产品和延保服务市场,建立市场、营销和售后服务之间的关系,促进产品和延保服务市场的良性互动发展,提高企业的售后服务水平和产品的竞争力均有重要意义,也是对我国实施制造强国战略的有力助推。

第二章　供应链延保服务研究现状述评

结合本书的研究内容,供应链延保服务研究现状述评针对以下五个方面展开:(1)质保服务的研究;(2)延保服务的作用及影响因素的研究;(3)延保服务决策方面的研究;(4)供应链延保服务的研究;(5)双渠道供应链的研究。

第一节　质保服务的研究

产品质保服务是由制造商提供的,在产品保修期内,产品如果出现故障,就由制造商按照质保服务合同条款提供维修或者更换服务。对产品质保服务的研究比较丰富,学术界从经济学和管理学等角度主要研究了质保服务的作用、质保服务存在时的产品定价、最优保修期、最小保修成本以及供应链环境下质保服务的相关问题。

一、质保服务作用的研究

对产品质保服务作用的研究,主要从经济学角度展开,主要包括以下几个方面:

(一)质保服务可以帮助消费者抵御产品质量风险

消费者往往比制造商更加厌恶风险,制造商提供产品售后质保服务,使得消费者在产品质量出现问题时有了抵御风险的能力(Heal,1977)。同时,消费者往往对再制造产品的质量不确定,制造商提供质保服务可以消除消费者对产品质量的疑虑,促进再制造产品的销售(Alqahtani 和 Gupta,2017)。

(二)质保服务可以作为传递产品质量的信号

Spence(1977)认为当消费者不能轻易识别产品质量水平时,产品保修服务可以作为显示产品质量水平的信号。他指出当消费者风险中立时,更长的保修期就代表更高的产品质量,因此,制造商可以通过比竞争对手提供更长的保修期来彰显其产品质量。随后,众多学者从不同角度验证了这一结论的有效性(Grossman,1981;Wiener,1985)。Lutz(1989)在上述研究的基础上,从消费者道德风险的角度研究了消费者同时用价格和保修服务作为显示产品质量的信号模型,研究表明,产品的低价并不能显示产品质量的高低,但低价的保修服务能作为产品质量高的信号。之后,Soberman(2003)研究了质保服务卖方同时利用质保服务来传递产品质量信号和细分消费者,发现质保服务作为显示产品质量的信号限制了质保服务卖方细分消费者的能力。

(三)质保服务可以激励制造商提高产品质量

Mann 和 Wissink(1988)、Dybvig 和 Lutz(1993)认为质保服务是对交易双方的激励,不仅可以激励制造商提供质量更高的产品,而且可以激励消费者更正确地使用产品。之后,Balachandran 和 Radhakrishnan(2005)基于单边和双边道德风险,研究了产品质量对制造商质保服务的影响。

(四)质保服务可以促进产品需求的增加

Guajardo 等(2015)利用经济学实证研究方法,研究了服务属性(质保期和质保服务质量)对美国汽车行业产品市场需求的影响。研究结果表明:服务属性和产品质量具有补充或替代的作用,对于质量较低的产品,质保期和质保服务质量能增加产品需求。

二、产品定价与质保期联合决策的研究

从运营管理角度看,质保服务策略不仅对质保服务的成本高低有重要影响,而且会影响产品的定价和市场需求。学者们利用优化理论对质

保服务和产品定价的联合决策的影响的研究成果比较丰富。Glickman 和 Berger(1976)假设产品需求随质保期和价格呈指数变化,研究了产品定价和质保期的联合决策问题,这一研究开辟了质保服务和产品定价研究的先河。随后,Decroix(1999)在耐用品制造商竞争环境下,假设消费者不能感知产品质量,制造商提供质保服务作为产品质量的信号,在 Nash 博弈下研究了制造商最优产品质保期、产品定价和产品可靠性的决策。Wu 等(2006)假设产品的寿命近似服从正态分布,利用 Glickman 和 Berger(1976)提出的产品需求模型,研究了制造商的最优产品定价和质保期。Manna(2008)在 Glickman 和 Berger(1976)的研究基础上,以制造商利润最大化为目标,研究不同质保服务策略下的产品定价和质保期决策问题。卢震和王丽颖(2011)考虑了一个厂商采用按比例保修策略及设定多个保修期的情形,以产品的保修期和价格为决策变量,以厂商收益最大化为目标,研究了产品故障次数呈指数分布情况下最优保修期和价格的组合策略。Aggrawal 等(2014)首先指出质保服务主要有两方面的作用:营销和风险规避。作为营销手段,质保服务可以促进制造商提高产品的质量和可靠性,提供更优的保修条款意味着产品更可靠;作为消费者风险规避手段,质保服务可以保证消费者在保修期内免受缺陷产品的影响。然后,假设产品寿命服从指数分布,研究了产品的最优定价和质保服务的保修期。最后,使用实际数据验证了模型。

由于质保期内产品因质量问题而发生故障可以免费更换,因此质保服务策略也会对库存问题产生影响。张廷龙等(2007)基于生产商的不稳定生产系统、生产商对产品承诺一定免费保修期,假设生产商的生产周期是零售商进货周期的整数倍的情况下,建立了生产商和零售商的联合库存模型。Wei 等(2008)对享受产品免费更换等保修服务的库存管理问题进行了研究。

在保修菜单设计方面,Hartman 和 Laksana(2009)利用动态定价方法,不仅研究了具有完全信息的消费者的最优策略,而且研究了在消费者的风险规避度已知时,制造奇的最优定价策略,以及如何通过提供保修服务菜单来显著增加利润。Ye 和 Murthy(2016)研究了制造商两维保修合同的保修菜单设计。根据消费者的产品使用频率将消费者分为两类：对在购买时知道自己的使用频率的消费者，设计一种灵活的两维保修菜单供其选择；对在购买时不知道自己的使用频率的消费者，设计一种固定的两维保修合同。Darghouth 等(2017)考虑制造商为新产品提供四种质保服务的情景，研究了制造商最优产品可靠性、质保期和价格的联合策略。Park 和 Pham (2012)利用 k-out-of-n 系统，从产品维修时间和故障时间两个维度对产品的质保成本进行分析，研究了产品保修服务期限和定期预防性维护周期的优化问题。

进行产品保修期优化设计时，要综合考虑产品的故障率、销售价格以及企业的保修成本投入等各种因素的相互作用，学术界从各个角度展开了对保修期的优化问题的研究。贾积身(2004)针对以往研究保修问题时假设产品或部件可以"修复如新"的不足，提出了一种新的按比例保修和免费保修策略，通过几何过程研究了商家和消费者关于产品的长期运行平均费用，并提出了它们的解析表达式。

随着质保服务研究内容的丰富，质保服务的定量模型也逐渐增多。Shafiee 和 Chukova (2013)对质保服务的模型做了文献综述，给质保服务的定量研究提供了理论参考。

陶娜和张胜(2015)基于保修期内生产者和消费者双边道德风险所导致的保修成本上升的问题，在双边道德风险的视角下分析了如何设计最优的保修期进而约束生产者和消费者的双边道德风险，最终使得在生产阶段生产者提供的产品质量水平和在运行阶段消费者提供的产品保养水平趋于均衡。Lee 等(2016)考虑了消费者的异质性，假设消费者拥有产品使用寿命的私人信息，从制造商的角度提出了基于此信息的保修策略，其研究表明该策略比常规的保修策略更具有成本效应。王轩和刘丽文(2016)以具有重复购买行为的大众消费品为研究对象，构建了考虑维修服务质量情况下产品价格和产品质保期的联合决策模型，研究了维修服务质量的影响以及企业在静态市场和动态市场下的最优策略问题。

Chen等(2017)考虑制造商对其产品提供免费维修或更换服务,假设产品价格是质保期的函数,且产品的生命周期服从指数分布,设计了一种有效的算法,分析了企业利润最大化下最优的产品质保期和产品运行时间。Podolyakina(2017)在制造商提供质保服务的情况下,引入制造商质保服务质量和质保服务成本,研究产品的可靠性以及质保期对制造商质保服务成本的影响。揭丽琳和刘卫东(2020)针对已有产品的保修期设计多局限于固有可靠性,未考虑其使用可靠性与区域差异的关联性问题,提出一种基于使用可靠性区域粒度的保修期优化决策模型。

随着市场环境的变化,很多学者将对产品质保服务的研究从新产品扩展到再制造产品。再制造产品和新产品比较,除了对环境友好以外,消费者还可以用较低廉的价格购买到最新技术的产品,因此,再制造产品很受消费者欢迎,但消费者往往由于对再制造产品的质量不确定而犹豫。所以再制造商可以为再制造产品提供质保服务以鼓励消费者购买再制造产品。Alqahtani和Gupta(2017)针对此现象提出一种可更新的质保服务策略同时最小化再制造商的成本和最大化消费者对再制造产品质量的信心。Liao(2018)基于随机需求,研究了保修作为再制造产品的竞争策略。采用了报童模型,研究综合考虑了产品需求不确定、消费者损失规避度以及消费者是选择新产品还是再制造产品等问题。研究表明,消费者的风险规避度对制造商决策有着重要影响,制造商从再制造产品的保修服务中获得更多利润,消费者的风险规避度越高,制造商对新产品和再制造产品的定价就越低。

三、质保服务在供应链上的研究

现实中零售商提供售后服务也会对制造商的质保服务产生影响。Jiang和Zhang(2011)研究了零售商服务对制造商质保服务的影响,研究发现:当消费者能感知到产品质量时,制造商的质保服务受到零售商服务的负向影响,只有当制造商比零售商具有更大的保修成本优势时,制造商才提供质保服务。当消费者不能感知到产品质量时,高产品质量的制造商有动力通过提供质保服务来显示其高的产品质量,然而,零售商提供服务会降低制造商质保服务对产品质量的信号作用,因此,即使有成本优势的制造商也会受到零售商服务的消极影响。Dai 等(2012)构建了由一家供应商和一家制造商组成的供应链,供应商决定产品质量,制造商或供应商决定保修期,比较分散决策和集中决策下产品的质量和保修期,研究结果表明,当分散决策中保修期决定方承担更大比例的保修成本时,供应链的利润较大。Xie 等(2014)在制造商负责产品质量、零售商提供质保服务的情形下设计了三种契约协调机制,并讨论了不同契约对供应链成员决策的影响。姚树俊和陈菊红(2016)考虑由一个制造商和两个零售商构成的产品服务供应链,零售商提供产品的售后服务,根据零售商与制造商之间不同的渠道权利结构,分别从零售商 Stackelberg 博弈、制造商 Stackelberg 博弈和 Nash 博弈三种情形,对供应链成员企业的均衡策略进行分析。张琪和高杰(2018)考虑了市场上存在相互竞争的两个生产商——在位者和新进者,顾客了解在位者的产品质量信息但不了解新进者的产品质量状况,研究并比较了仅以保修期作为质量信号、保修期和价格同时作为质量信号时市场实现分离均衡的条件,以及新进者的保修期设计与定价决策。

第二节 延保服务的作用及影响因素的研究

延保服务最早出现于 20 世纪 70 年代的美国,之后在日本、欧洲等部分发达国家逐渐出现。经过多年的发展,延保服务已经得到广泛的普及和认可。但是对延保服务的理论研究比较滞后,直到 20 世纪 90 年代延保服务的研究文献才日益增多,我国对延保服务的研究文献大多出现在 2012 年后。延保服务出现之初,学者们主要从经济学角度,用实证研究方法对延保服务的作用及影响因素进行研究。

一、延保服务作用的研究

关于延保服务的作用,学术界普遍认为消费者购买延保服务主要是抵御未来产品发生故障的风险,减少未来产品的维修费用;企业则通过提供有偿延保服务来获取利润和竞争优势。Day 和 Fox(1985)首先对延保服务、服务合同(Service Contract)、维修协议(Maintenance Agreement)进行了定义。然后,他们研究了提供延保服务的主体,发现制造商、零售商和独立第三方是三大主体,同时指出虽然延保服务定价略高,但延保服务存在很大的发展空间,认为提供延保服务有利于产品品牌的建立。Kelley 和 Conant(1991)通过问卷调查发现制造商提供延保服务有两个动机:一是提供延保服务能够增加制造商的收入,二是通过延保服务能够提高消费者的忠诚度。消费者则将延保服务视为降低感知风险的一种方法。而后诸多文献研究表明:当制造商面临技术研发瓶颈时,提供和加强产品延保服务是众多制造商进一步获取竞争优势的一种重要手段(Anderson 和 Narus,1995;Vandermerwe,2000;Howells,2003;Sawhney 等,2004)。Lutz 和 Padmanabhan(1998)研究了第三方提供延保服务对垄断制造商产品定价、质保服务质量、制造商利润和社会福利的影响。Gebauer 和王春芝(2006)通过对瑞士和德国超过 30 家机器和设备制造企业进行的调查研究,指出服务业务对制造企业在开发财务、营销和战略机会上具有重要作用。

二、延保服务影响因素的研究

消费者存在异质性,消费者的个性特征会成为购买延保服务的重要因素。Day 和 Fox(1985)的研究表明,消费者以往的产品体验、使用习惯和风险偏好都可能影响延保服务需求。Voss 和 Ahmed(1992)研究发现三类消费者更可能提前购买延保服务:一是在该产品上有过损失的消费者,二是风险规避的消费者,三是使用价格寻求搜索策略的消费者。他们同时指出消费者购买延保服务能够降低感知风险中的财务风险、亏损风险和绩效风险。Padmanabhan(1995)研究了消费者道德风险和对产品使用的频率对产品质保服务和延保服务的影响。Decroix(1999)研究发现风险规避的消费者会激励制造商提供更长的质保期和更高质量的产品。Huysentruyt 和 Read(2010)指出即使产品的故障率可能被高估,消费者仍倾向于购买延保服务。Jindal(2013)通过对消费者购买洗衣机延保服务的问卷调查,研究消费者风险偏好对购买延保服务的影响,发现消费者购买延保服务最重要的原因是损失规避。

第三节 延保服务决策方面的研究

对延保服务决策方面的研究主要从延保服务的成本、最优延保服务定价、延保期、购买延保服务的时间以及再制造产品和绿色产品延保服务等方面展开。

一、延保服务成本的研究

不同的延保服务维修、维护策略和产品的故障率会影响服务提供商的延保服务成本和利润。Wu 和 Longhurst(2011)假定产品具有两种类型的故障:轻微故障和严重故障。产品发生轻微故障时能通过维修解决,发生严重故障时只能被换新。当每单位产品生命周期成本最小时,可以求得最优的维修和延保服务策略。Bouguerra 等(2012)基于产品的生命周期,建立了消费者和制造商的平均成本函数以确定消费者成本的最大值和制造商延保服务定价的最小值,研究了不同的产品维修策略对消费者成本和制造商延保服务定价的影响。Su 和 Shen (2012)从制造商视角研究了两种类型的延保服务:一种是一维延保服务策略,另一种是二维延保服务策略。他们构建了制造商的延保服务成本和期望利润函数,考虑了三种不同的维修策略:一是最小维修,二是不完全维修融合最小维修,三是完全维修融合最小维修。他们还比较了在不同的维修选择下延保服务的成本,通过比较制造商期望利润得到了最优延保服务策略和维修选择策略。结果表明:二维延保服务策略比一维延保服务策略更合理,最小维修适合短期延保服务,完全维修融合最小维修适合长期延保服务。Shahanaghi 等(2013)通过对产品发生故障的过程建模,研究产品使用时间和使用率对延保服务成本的影响,发现延保服务提供商采取合适的预防性维修策略可以有效降低延保服务成本。Huang 等(2017)根据质保期内产品的维修记录将消费者分成三类,针对不同类别的消费者采用不同的维修策略,研究了消费者分类和维修后产品有效时间的利用率对产品延保期内维修总成本的影响。Luo 和 Wu(2019)考虑耐用电子产品的软件故障、硬件故障以及软硬件综合作用导致的故障,建立了保修成本模型,研究了服务提供商的最优化保修策略。

二、延保服务定价的研究

影响延保服务定价的因素主要有延保服务质量、延保期以及产品的可靠性。Cohen 和 Whang(1997)从产品生命周期的角度,构建了产品价格、延保服务价格和延保服务质量模型。Jack 和 Murthy(2007)针对消费者购买延保服务时不具有产品的可靠性信息的情况,引入了延保服务的弹性购买时间,并研究了延保服务提供商的最优定价策略和消费者的最优产品保养和更换策略。Chang 和 Lin(2012)从延保服务提供商的角度研究产品生命周期内的最优维修策略和延保期,并提出在基本质保期和延保期内的产品维修策略以及超出延保期的产品维修策略。叶武和邵晓峰(2012)研究了当维修商参与竞争时,生产商如何做出使自己利润最大化的定价策略,并提出了一种消费者灵活性较低的延保服务策略。Chen 等(2012)构建了由一个制造商和两个竞争性零售商组成的供应链系统,由零售商提供延保服务,考虑了制造商的三种不同的批发价策略:(1)不考虑零售商的销售成本,给两个零售商相同的产品批发价;(2)基于两个零售商不同的销售成本,给两个零售商不同的产品批发价;(3)根据行业平均销售成本,给两个零售商相同的产品批发价。基于博弈论分析,得到零售商的最优延保期和最大利润、制造商的产品批发价和最大利润。

Gallego等(2014)考虑了消费者对产品可靠性的动态学习,从消费者和延保服务提供方的角度研究弹性延保服务策略,发现弹性延保服务合同能够创造更高的利润并且可以吸引更多的消费者购买。Lei等(2017)研究了产品和保修服务的动态定价问题,发现保修服务的定价应低于保修服务的边际成本,这意味着制造商提供保修服务不会直接增加利润。但是,提供保修服务仍然有利于制造商整体利润的提高。

三、延保期的研究

Esmaeili等(2014)考虑了由一个制造商、一个第三方维修服务提供商(代理商)和消费者构成的三级供应链,建立了非合作和半合作博弈模型,得到制造商最优产品定价、保修期、保修服务定价,以及代理商的最优维修维护成本。Giri等(2018)研究了由一个制造商和一个零售商组成的两级闭环供应链,建立了两个博弈模型:一个模型考虑产品需求取决于销售价格和保修期;另一个模型考虑产品需求除了取决于销售价格和保修期外,还取决于消费者对产品绿色创新的偏好。在制造商提供的保修期内,部分故障产品翻新后返还给消费者,剩余部分则再制造后在二级市场销售。他们分别研究了这两个模型在集中决策和分散决策下的最优解以及制造商和零售商的最大利润,并且用收益共享契约对分散决策进行协调。研究表明集中决策下的产品能获得更高的绿色创新水平和更长的保修期。

四、购买延保服务时间的研究

一般来说,延保服务随产品销售,消费者可以在购买产品的同时购买延保服务,但也有些策略型消费者会根据产品的使用情况,考虑在基础质保期结束后购买延保服务。显然,不同的延保服务购买时间会同时对消费者和延保服务提供者产生影响。Lam和Lam等(2001)构建了一个包括基础质保服务和延保服务的模型,消费者可以选择在基础质保期结束后购买延保服务,研究了消费者的不同选择对消费者和制造商成本的影响,并分析得出消费者和制造商的最优策略。Tong等(2014)从汽车制造商的角度,研究了两个不同购买时间的延保服务模型——在购买产品时同时购买延保服务和在基础质保期结束后购买延保服务,基于延保期内的维修策略,建立了最小维修和混合维修策略模型,提出了两种模型下的最优定价,并对汽车制造商的延保服务设计提供建议。Moura 等(2017)构建了医疗设备制造企业和医院之间的 Stackelberg 博弈模型,其中设备制造企业是领导者,医院是跟随者,考虑医院一次性付费购买延保服务和每次维修后付费两种付费方式,研究了医疗设备制造企业在利润最大化原则下的延保服务定价和维修服务定价以及医院的最优策略选择。

五、再制造产品和绿色产品延保服务的研究

随着科技的飞速发展,人类创造了巨大的物质财富,也消耗了惊人的自然资源,人类对环境的保护迫在眉睫。越来越多消费者的环保意识日益增强,愿意购买再制造产品和低碳节能的绿色产品,因此,对再制造产品和绿色产品的研究非常有意义(张永芬,2021)。霍艳芳和李思睿(2018)考虑政府补贴行为,建立了同时生产新产品和再制造产品的制造商提供延保服务的四种模型,分析在不同的补贴力度下制造商的延保服务决策问题,以及政府补贴在不同的延保服务模式下对再制造产品销量的促进作用。Seyyed-Mahdi 等(2018)基于传统产品引入绿色替代产品,制造商提供绿色产品,两个竞争性零售商提供绿色产品保修服务,分别在零售商的 Cournot 模型、Collusion 模型和 Stackelberg 模型下研究了制造商的产品绿色水平和零售商的保修期问题。

第四节 供应链延保服务的研究

一、延保服务和质保服务交互作用的研究

由于延保服务和制造商的基础质保服务的服务对象是同一产品,因此延保服务的引入会对制造商的质保服务产生影响;同质保服务一样,延保服务也会影响产品质量信号的传递。Jiang和Zhang(2011)研究由一个制造商和一个零售商组成的供应链,制造商提供基础质保服务,零售商提供延保服务,探讨了零售商的延保服务对制造商基础质保服务和渠道绩效的影响。研究表明:只有当制造商的维修成本优势显著大于零售商时,它才会提供基本保修服务;当消费者了解产品质量信息时,零售商的延保服务会缩短制造商的基础质保期限;当消费者不能了解产品质量信息时,高质量的制造商有动力提供保修服务来作为产品质量的信号。Heese(2012)构建了两个竞争性制造商共用一个零售商销售产品的模型,研究了零售商延保服务对竞争制造商基础质保服务的影响。研究发现:零售商销售延保服务会缩短制造商基础质保服务的期限,消费者在购买产品的同时购买延保服务要比先购买产品后购买延保服务使零售商获利更多。Kurata和Nam(2010)考虑制造商提供基础质保服务,零售商提供有偿售后服务,研究两种服务的竞争对消费者满意度最大化和企业利润最大化的影响。将消费者分为两类,构建了五个数学模型,研究发现,使利润最大的售后服务并不能使消费者最满意。Kurata和Nam(2013)在上一篇研究内容的基础上研究消费者对售后服务需求的不确定性如何影响企业利润最大化和消费者满意度之间的冲突。将消费者分为两类:一类是只享受制造商的基础质保服务的消费者,另一类是额外付费购买零售商的售后服务的消费者。研究结果表明,需求的不确定性可以在短时间内缓解消费者对售后服务的满意度和企业利润最大化之间的冲突。

最近几年,学术界对供应链引入竞争时零售商延保服务与制造商基础质保服务之间的交互作用进行了研究。Bian等(2015)考虑了一个制造商和两个竞争零售商组成的供应链,制造商提供基础质保服务,零售商提供延保服务,研究了质保服务、延保服务和产品捆绑定价的问题。郑斌等(2018)研究由单个制造商和单个零售商组成的供应链,针对单主体(制造商或零售商)和双主体(偏向于制造商或零售商)同时提供延保服务,研究不同延保服务渠道模式下最优延保服务定价、产品定价以及延保服务与质保服务的交互决策。研究发现,维修成本影响延保服务的提供方式。

仅制造商或零售商提供延保服务时,延保期对基础质保期有明显促进或抑制作用,且制造商提供延保服务有利于制造商和零售商。两者同时提供延保服务时,延保服务竞争促使延保服务价格降低,基础质保服务与延保服务的交互关系取决于竞争程度。

二、延保服务渠道模式的研究

延保服务渠道模式的研究与本书的研究关系密切。由于延保服务需求来源于产品需求,因此延保服务的引入往往会影响产品的定价和渠道模式,产品的定价和渠道模式也会对延保服务的定价和渠道模式产生影响,从而影响企业利润,这就要求供应链系统成员合理分工,提高供应链系统的绩效和稳定性。

早期对供应链延保服务的研究主要集中于单一产品和单一延保服务,研究在产品单渠道模式下,延保服务由供应链节点上的不同企业提供和销售对供应链节点企业和供应链利润的影响。Desai 和 Padmanabhan(2004)首先从制造商视角研究延保服务销售渠道协调问题,考虑消费者的风险偏好,从消费者效用的角度得出产品需求函数和延保服务需求函数,指出互补效应和双重边际效应是影响延保服务渠道策略的两个关键因素,并得出双渠道销售延保服务对制造商是最优的。之后,Xia 和 Gilbert(2007)在研究供应链售后服务的最优销售模式时,假设售后服务是厂商提升市场需求的因素,运用博弈论方法,构建了由一个制造商和一个零售商组成的供应链,比较和分析了选择集中式销售渠道和分散式销售渠道对厂商利润的影响,指出供应链中对市场具有更强控制权的一方在决定服务销售模式时具有更大的决定权。

在我国,王素娟和胡奇英(2010)较早研究了供应链延保服务渠道模式,构建了由一个生产商和一个零售商组成的供应链,产品延保服务可以由零售商或者生产商提供,基于延保服务吸引力指数对不同的延保服务提供模式建立模型并分析,结果表明:当仅部分消费者购买延保服务时,生产商选择由零售商提供延保服务利润最大,而零售商需要权衡延保服务吸引力指数的关系,选择是自己提供延保服务还是生产商提供延保服务;当全部消费者购买延保服务时,生产商和零售商都需要权衡延保服务吸引力指数,选择延保服务是由自己提供还是由对方提供;当生产商和零售商提供延保服务的吸引力指数相同时,由零售商提供延保服务能为供应链成员赢得更多利润。

2012年后,针对供应链延保服务渠道策略问题的研究日益增多。国外文献主要发表在 *MSOM*、*EJOR* 等高水平期刊上,国内文献主要发表在《中国管理科学》《管理工程学报》《系统工程学报》等高水平期刊上。Li 等(2012)在单渠道供应链背景下,针对单个制造商和单个零售商构成的延保服务供应链,研究了制造商直接提供产品和延保服务的集中模式、制造商提供延保服务的分散化模式和零售商提供延保服务的分散化模式,比较分析三种模式下的均衡决策和供应链绩效,最后研究延保服务由第三方提供对供应链绩效的影响。张旭梅等(2012)基于消费者风险规避度建立延保服务需求函数,并利用 Stackelberg 主从博弈,针对两种不同的延保服务销售渠道,即制造商通过零售渠道和直销渠道销售延保服务,建立了制造商利润最大化模型,结合数值算例,研究了在互补效应及双边际效应的共同作用下,延保服务水平对两种销售模式下制造商利润的影响。李杰和柳键(2013)从供应链管理的视角,应用博弈论对产品延保服务的四种模式进行建模,并引入了延保服务需求敏感指数进行分析。易余胤和姚俊江(2015)运用博弈论方法,构建了由单个制造商和单个零售商组成的两级延保服务供应链博弈模型。根据现实中存在的四种延保服务模式,分别构建了相应的供应链延保服务博弈模型,研究了渠道权力结构对供应链延保服务模式选择的影响。随后,易余胤和姚俊江(2016)构建了一个由单制造商和双零售商组成的两级延保服务供应链博弈模型,研究网络外部性对供应链节点企业决策及系统收益的影响。

近年来,电子商务技术和移动互联网的发展使得大型在线零售商迅速崛起。随着零售商的发展壮大,零售商在供应链上的控制权也日趋强大,有实力提供延保服务。所以,实践中出现了制造商和零售商同时提供延保服务的情况。针对供应链制造商和零售商同时提供延保服务的研究不多。寇军(2016)针对制造商提供产品的质保服务和延保服务,零售商同时提供产品延保服务,建立了制造商和零售商的利润模型,分析比较了分散决策和集中决策下制造商的最优质保服务水平、延保服务水平及零售商的最优延保服务水平,提出一种使供应链实现协调的服务成本分担契约。

对引入竞争时延保服务供应链的研究主要针对制造商竞争或者零售商竞争时供应链的延保服务决策展开。刘运鑫等(2015)研究了由一个制造商和两个竞争性零售商组成的双渠道供应链,分别研究了延保服务由制造商或零售商提供的模型和延保服务由第三方提供的模型,分析了采用不同延保服务策略时的延保服务定价和渠道利润问题。马建华等(2015)构建了由两个制造商和两个排他性零售商组成的链与链价格竞争模型,其中制造商提供延保服务,揭示了不同延保期和竞争状态下竞争供应链纵向渠道结构选择博弈的 Nash 均衡。Qin 等(2017)基于元件可靠性,构建了竞争元件供应商、制造商和在线零售商的三级供应链,研究了制造商的延保服务策略问题。

三、基于产品质量的延保服务的研究

产品质量也是影响延保服务供应链的重要决策因素。由于产品质量对延保服务供应链的产品成本、延保服务成本、产品需求以及延保服务需求都会产生重要影响,因此对产品定价、延保服务定价以及延保服务的渠道模式也会产生重要影响。Balachandran 和 Radhakrishnan(2005)从道德风险的角度研究了基于质量保证/惩罚的契约对制造商和供应商产品质量的影响。Dai 等(2012)考虑了产品质量对生产成本和保修成本的综合影响,研究了制造商和供应商在不同保修成本分担模式下的供应链协调问题,但他们研究的是制造商的基本保修服务,并没有考虑延保服务。卢震和张剑(2013)考虑了产品质量水平对制造商制造成本和延保服务成本的影响,研究了制造商的延保服务定价和产品质量决策。聂佳佳和邓

东方(2014)考虑了产品质量对生产成本和延保服务成本的影响,建立了不提供延保服务的基本模型、制造商提供延保服务的模型和制造商将延保服务外包给第三方的模型。研究发现:当供应链提供延保服务时,产品质量较高;当第三方提供延保服务有明显的成本优势时,制造商会把延保服务外包给第三方,否则,制造商会根据具体情况选择自己提供延保服务或者不提供延保服务;在一定条件下,当制造商提供延保服务和第三方提供延保服务时,制造商和零售商的利润会高于无延保服务时的利润。

四、延保服务供应链的协调问题研究

供应链的协调是指供应链通过契约设计来对供应链成员进行协调、合理分工,以实现供应链整体利润的最大化。供应链协调是提高供应链各方利润,改善供应链绩效的根本手段。供应链可以通过设计合理的契约使分散供应链的最优决策和集中供应链的最优决策相同,从而达到供应链的协调。常见的契约形式有收益共享契约、批发价契约、两部定价契约、数量弹性契约和回购契约等。Cachon(2003)对回购契约、收益共享契约、批发价契约和数量弹性契约等供应链契约进行了综述,并指出在不存在竞争的报童模型中,收益共享契约能够使供应链达到协调。

Sieke和Seifert(2012)研究了由一个制造商和一个供应商组成的供应链,制造商提供给供应商两种基于服务水平的契约,研究了服务水平对供应链的协调。严帅等(2013)考虑了由一个制造商和一个零售商组成的两级供应链,还考虑了产品需求同时受到产品质保期和产品价格的影响,研究制造商和零售商分别提供质保服务时供应链的协调问题,结果表明,通过设计相应的供应链参数,回购契约、基于收益共享和质保成本共担的契约能实现供应链的协调,而批发价格契约无法实现供应链的协调。Mai等(2017)研究了制造商和零售商三种不同的延保服务契约与零售商自有品牌产品质量的协调问题,发现三种延保服务契约都促进了零售商自有品牌产品质量的提高;最后,通过算例发现,在制造商直接获得延保服务的所有销售收入的契约下,供应链获利最大且产品质量提高得最多。

寇军(2016)针对制造商提供产品的质保服务和延保服务,零售商同时提供产品延保服务,设计了一种服务成本分担契约,制造商分担部分零售商的延保服务成本,零售商分担部分制造商的质保服务成本。研究发现,成本分担契约能够提高制造商的最优质保服务水平、延保服务水平及零售商的最优延保服务水平,并实现供应链协调。

第五节 双渠道供应链的研究

随着互联网和信息技术的发展,商业格局发生了很大的改变,越来越多的消费者喜欢网络购物。网络购物可以足不出户,省时、省力,特别是对一些规范性的产品,比如家电、书本等,网络店产品和实体店产品的质量标准统一,而网络店往往由于运营成本较低而售价较低,因此网络消费越演越烈。因此,越来越多的制造商在传统零售分销的基础上,利用互联网上开辟的网上直销渠道直接向消费者销售产品,这就是我们所称的"双渠道供应链"(Dual-channel Supply Chain)。近年来,对双渠道供应链的研究主要集中于双渠道供应链的定价决策以及渠道冲突与协调。

一、双渠道供应链定价决策的研究

在双渠道供应链的定价方面,部分文献研究了电子渠道和零售渠道的价格竞争决策。Yao 和 Liu(2005)利用 Stackelberg 和 Bertrand 博弈模型研究双渠道供应链的价格竞争决策。在 Stackelberg 博弈中,制造商先宣布电子渠道产品定价,然后零售商决定零售渠道产品定价。在 Bertrand 博弈中,制造商和零售商同时决定各自渠道的产品定价。他们得到了两种模型的均衡策略,比较了两种策略下制造商和零售商的最大利润,并提出制造商增加电子渠道的策略,指出制定合适的批发价可以让零售商更加接纳电子渠道。由于零售渠道可以比网络直销渠道提供更好的服务,因此部分学者研究了双渠道的服务和价格联合决策。肖剑等(2010)考虑了制造商将网络渠道的服务交给零售商完成,建立了双渠道服务合作的 Stackelberg 和 Bertrand 博弈模型。研究发现,制造商网络直销渠道和零售商渠道的边际服务成本会影响渠道产品的价格和需求,零售渠道的定价受制造商直销渠道服务成本的正向影响。当零售渠道服务水平高于网络直销渠道服务水平时,网络直销渠道的定价受零售商服务成本的正向影响。还有学者研究了两种渠道之间的广告合作与定价问题。由于消费者可以直接去线下实体店感受商品,因此线下实体店是天然的广告平台;而网络直销渠道中的消费者不能实地感受商品,因此需要大量广告来宣传营销。由此可见,两种渠道之间广告的投入有很大差异。因此,研究两种渠道之间的广告合作和定价决策非常有意义。黄松等(2011)考虑由一个制造商和一个零售商组成的供应链,制造商通过双渠道销售产品,两种渠道的需求都受到价格和广告投入水平的影响,研究了集中式供应链和分散式供应链的定价与广告合作决策。

二、双渠道供应链的渠道冲突与协调的研究

在双渠道供应链的冲突方面,Chiang 等(2003)指出制造商开通直销渠道总是损害零售商的利润。与此类似,罗美玲等(2011)研究指出制造商直销渠道侵蚀零售商的利润,并设计非负转移支付契约来协调供应链成员之间的冲突。Yan 和 Pei(2009)研究发现制造商开通直销渠道可有效缓解双重边际效应。刘家国等(2014)从直销渠道"搭便车"角度研究了制造商开通直销渠道的条件以及开通直销渠道对整个供应链的影响。但斌等(2012)运用博弈论研究渠道间价格竞争,并设计了补偿机制以协调渠道间冲突和提高整个供应链的绩效。Hsiao 和 Chen(2012)研究了二级供应链中制造商与零售商的网络渠道引进策略、定价策略和渠道结构之间的关系,分析了渠道竞争对供应链成员的渠道选择决策的影响。

在双渠道供应链的协调方面,Chiang(2010)指出网络渠道收益共享和库存成本分担的组合契约可实现双渠道供应链的协调,但不能同时实现制造商与零售商的 Pareto 改进。王先甲等(2017)研究了存在生产规模不经济的双渠道闭环供应链的协调问题,研究发现带有固定补偿的收益共享契约可实现分散化供应链的协调。郑本荣等(2018)考虑由一个制造商和一个零售商构成的供应链,构建了再制造与无再制造两种情形下制造商的渠道入侵策略模型,研究了产品再制造、渠道竞争和制造商渠道入侵决策之间的内在关系。聂佳佳等(2019)研究了退款保证对制造商开通直销渠道的影响及双渠道模式下零售商和制造商的退款保证策略与市场均衡,结果表明:任意情形下,制造商开通直销渠道总是有利的。制造商直销渠道并非总是侵蚀零售商利润,仅当两个渠道均不提供退款保证时,零售商利润被直销渠道侵蚀。邓力等(2019)针对含有线上直销渠道的双渠道供应链,研究了制造商质量披露模式和零售商质量披露模式对产品质量信息披露效果以及供应链成员利润的影响。

第六节 本书的主要内容

通过以上文献述评,我们发现现有研究存在一些不足,具体包括:首先,现有的研究并没有从产品质量的角度考虑供应链延保服务的渠道模式。实际上,产品质量不仅影响生产成本和延保服务成本,而且影响零售商的产品需求,进而影响供应链的延保服务需求,所以,研究供应链延保服务时,产品质量无疑是一个必须考虑的重要因素。其次,以往关于供应链延保服务渠道的研究大多基于产品单渠道且单一主体提供延保服务,对产品双渠道及制造商和零售商同时提供延保服务的问题鲜有研究。实际上,当同时考虑产品市场和延保服务市场时,产品渠道结构和延保服务渠道结构呈现多种不同的特征。因此,在不同的产品渠道结构和延保服务提供主体下,供应链成员如何权衡售后与营销的关系,对产品和延保服务进行最优定价,设计最优的延保服务渠道模式,是亟待解决的重要问题。最后,现有文献对供应链延保服务渠道的研究没有考虑延保服务渠道的开放问题。事实上,由于消费者往往是先购买产品再决定是否购买延保服务,产品和延保服务可以分开购买,因此,当制造商和零售商同时提供产品和延保服务时,制造商和零售商就面临要不要向购买对方产品的消费者开放延保服务渠道的问题。

本书基于供应链单主体(制造商或零售商)和多主体(制造商和零售商)提供延保服务,又基于产品单渠道和双渠道研究供应链的延保服务渠道策略问题。本书的核心研究内容主要包括以下四点:(1)考虑产品单渠道,从产品质量内生的角度,研究制造商或零售商提供延保服务时的延保服务渠道策略问题;(2)考虑产品双渠道,研究制造商或零售商提供延保服务时的延保服务渠道策略问题;(3)考虑产品单渠道,研究制造商和零售商同时提供延保服务时,制造商的延保服务双渠道销售策略和零售商的延保服务销售选择策略;(4)考虑产品双渠道,研究制造商和零售商的延保服务开放策略。

本书的上述核心研究内容之间存在紧密的联系,按照理论分析、模型构建、结论分析的顺序分为七章,具体研究内容如下:

第一章:绪论。概述了本书的研究背景、研究目的和研究意义,基于不同的产品渠道和不同的延保服务主体提出供应链延保服务渠道策略框架。

第二章:供应链延保服务研究现状述评。归纳了质保服务、延保服务,以及双渠道供应链这三个方面的现有文献,总结了现有文献的研究不足,介绍了本书的研究内容。

第三章:产品单渠道的供应链延保服务渠道策略研究。随着网络的发展,大型零售商迅速崛起并纷纷提供延保服务。考虑由一个制造商和一个零售商组成的供应链,制造商的产品由零售商销售,延保服务由制造商或零售商提供。将产品质量作为内生变量,建立无延保服务的基本模式、制造商提供延保服务的模式和零售商提供延保服务的模式。对比分析不同渠道模式下的产品质量、产品需求以及制造商和零售商的利润,提出制造商和零售商提供延保服务的条件。

第四章:产品双渠道的供应链延保服务渠道策略研究。将上一章的产品渠道拓展为双渠道,考虑由一个制造商和一个零售商组成的供应链,制造商的产品通过双渠道销售,延保服务由制造商或零售商提供。建立无延保服务的基本模式、制造商提供延保服务的模式和零售商提供延保服务的模式。对比分析不同渠道模式下的均衡结果和最大利润,最后通过数值算例进一步研究渠道吸引力对制造商和零售商最优延保服务渠道策略的影响。

第五章:产品单渠道且延保服务竞争的供应链延保服务销售策略研究。考虑由一个制造商和一个零售商组成的供应链,制造商的产品由零售商销售,制造商和零售商同时提供延保服务。制造商的延保服务销售有两种策略:一是只在直销渠道销售,二是同时在直销渠道和分销渠道销售。零售商的延保服务销售也有两种策略:一是自营延保服务(独立销售延保服务),二是分销制造商的延保服务。通过研究不同延保服务策略下制造商和零售商的最大利润,提出制造商的延保服务双渠道销售策略和零售商的延保服务销售选择策略。

第六章:产品双渠道的供应链延保服务开放策略研究。考虑由一个制造商和一个零售商组成的供应链,制造商的产品通过直销渠道和零售渠道双渠道销售,制造商和零售商分别在各自渠道销售相同产品和不同质量的延保服务。按照制造商和零售商是否向购买对方产品的消费者开放延保服务,将延保服务开放策略分为双方均不开放延保服务、仅制造商开放延保服务、双方均开放延保服务。对比分析不同策略下的定价以及制造商和零售商的利润,提出制造商和零售商的延保服务开放策略。

第七章:总结与展望。概括全书,总结本书的主要管理启示,展望未来的研究方向。

第三章　产品单渠道的供应链延保服务渠道策略研究[①]

　　本书主要基于不同的产品渠道结构研究单主体(制造商或零售商)以及双主体(制造商和零售商)提供延保服务时的供应链延保服务渠道策略。本章在产品单渠道下研究单主体(制造商或零售商)提供延保服务时的供应链延保服务渠道模式。由于产品质量不仅会影响产品的定价、成本,而且会对延保服务的成本产生重要影响,因此,本章将产品质量作为内生变量,考虑由制造商和零售商组成的两级供应链,制造商的产品通过零售商销售,延保服务由制造商或零售商提供,研究供应链延保服务渠道模式问题。首先,建立无延保服务的基本模式、制造商提供延保服务的模式和零售商提供延保服务的模式;接着,对比分析不同延保服务渠道模式下的产品质量、产品需求以及制造商和零售商的利润,提出制造商和零售商提供延保服务的条件;最后,通过数值算例,进一步研究制造商和零售商的延保服务成本系数比、产品故障率和产品质量相关系数对制造商和零售商延保服务渠道策略的影响。

第一节　研究背景

　　随着社会经济水平的提高,家电、手机、汽车等耐用消费品逐渐普及,由于产品质保期往往不能覆盖产品使用寿命,质保期结束后,当产品出现故障时,消费者往往面临较高的维修费用,因此延保服务迅速崛起,成为

[①]　与本章相关的内容已发表在《管理评论》2021年第33卷第2期。

企业新的利润增长点。作为产品生产者,制造商最早开始提供延保服务并获得丰厚利润。近年来,大型零售商迅速崛起,零售商之间的竞争愈演愈烈。作为消费终端,零售商掌握大量品牌信息资源和消费者信息资源,零售商提供延保服务具有先天的优势,可以获得新的利润增长点,因此,国美、京东、天猫等大型零售商纷纷推出了自己的延保服务。

延保服务存在巨大的获利空间,以汽车行业为例,截至2021年底,我国汽车保有量已超过3亿辆,以每份至少2 000元的延保服务费来计算,延保服务是一个总量达到6 000亿元的"大蛋糕",因此,供应链中大多数企业将延保服务作为其新的盈利点。目前,按照提供延保服务的对象不同,供应链延保服务渠道策略大致包括三类:一是不提供延保服务。一些快速消费品往往生命周期较短且价格相对便宜,这些产品无须延保服务。二是由制造商提供延保服务。这些产品的生命周期较长且技术门槛相对较高,如汽车、大型医疗设备等(Li等,2012;易余胤等,2018)。三是由零售商提供延保服务。这些产品的生命周期相对较长且技术门槛相对较低,如手机、电脑等(张旭梅等,2012)。那么,对于供应链中的制造商和零售商来说,该采取哪种延保服务渠道策略呢?

产品质量是描述产品纵向差异化的一个重要特性(李善民和曾昭灶,2003),随着消费水平的提高,消费者对产品质量的要求也越来越高。在延保服务供应链中,产品质量是影响延保服务决策的一个重要因素,其不仅影响生产成本和延保服务成本,而且对产品需求和延保服务需求产生重要影响,具体来说,主要体现在以下两个方面:一是影响产品需求和延保服务需求。产品质量水平越高,产品市场需求就越大,由于延保服务需求来源于产品需求,因此延保服务需求也越大。二是影响产品成本和延保服务成本。产品质量水平越高,其质量改进成本就越大,产品故障率就越低,延保服务成本也就越低。

在基于产品质量的质保/延保服务的研究方面,卢震和张剑(2013)考虑产品质量对制造商延保服务的影响,研究了制造商的产品质量和延保服务定价决策。李杰(2013)考虑了产品质量对制造商提供延保服务的影响,没有考虑零售商提供延保服务的问题。聂佳佳和邓东方(2014)考虑产品质量对延保服务成本的影响,研究了制造商的延保服务外包策略。Mai 等(2017)研究了供应链三种延保服务契约对零售商自有品牌产品质量的协调问题。Dai 等(2012)考虑产品质量对生产成本和保修成本的影响,研究了制造商和零售商在不同保修成本分担模式下的供应链协作问题。以上文献虽然基于产品质量对质保或延保服务进行了研究,但都没有涉及供应链制造商和零售商——不同决策主体提供延保服务对供应链绩效及其成员决策的影响。

综上所述,在将产品质量作为内生变量时,对供应链延保服务渠道策略问题的研究较少。实际上,产品质量是影响延保服务供应链的重要因素。产品质量会影响产品成本、延保服务成本、产品需求和延保服务需求,从而影响产品定价、延保服务定价以及延保服务的渠道模式。当考虑产品质量时,何种延保服务渠道模式对制造商和零售商更有利以及不同延保服务渠道模式下产品质量和供应链成员决策如何变化都是值得研究的问题。基于此,本章研究由一个制造商和一个零售商组成的两级延保服务供应链系统,同时考虑产品市场和延保服务市场,将产品质量作为连续的内生变量,按照延保服务的提供方式,构建无延保服务的基本模型、制造商提供延保服务的模型和零售商提供延保服务的模型,研究不同延保服务渠道模式下产品质量水平的变化以及制造商、零售商和供应链系统的最优延保服务渠道策略。

第二节 问题描述与模型

一、问题描述

研究由一个制造商和一个零售商组成的两级延保服务供应链系统,零售商销售产品,产品的延保服务可以由制造商或零售商提供。制造商提供产品的基本保修服务,因为本书聚焦产品延保服务的研究,所以将基本保修期标准化为 0。考虑产品质量对延保服务供应链的重要影响,将产品质量作为连续的内生变量。按照现实中延保服务提供方式的不同,将供应链延保服务渠道模式分为三种:一是制造商和零售商均不提供延保服务(B 模式),二是制造商提供延保服务(M 模式),三是零售商提供延保服务(R 模式)。首先,通过求三种渠道模式的均衡解,得出最优产品质量、产品批发价和产品定价、M 模式和 R 模式下的最优延保服务定价,以及制造商和零售商的最大利润;接着,对比分析三种模式下的均衡解;最后,利用数值算例进行模拟仿真。图 3.1 为三种不同的供应链延保服务渠道模式,其中,实线表示产品,虚线表示延保服务。

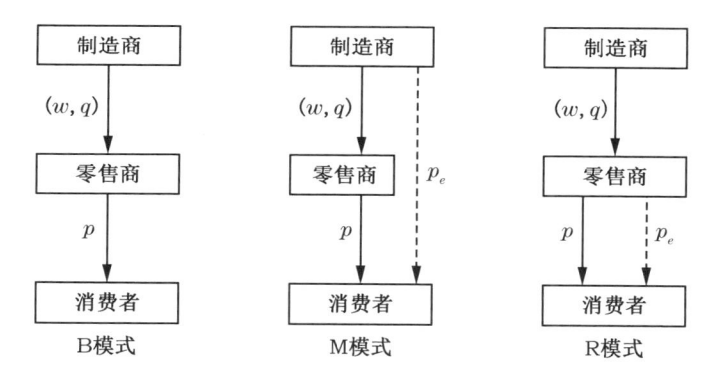

图 3.1 三种供应链延保服务渠道模式

二、模型

(一)符号说明

本章中涉及的数学符号及相关说明如表 3.1 所示。

表 3.1　　　　　　　　　　符号说明

数学符号	相关说明
决策变量	
w	制造商单位产品批发价
q	产品质量水平

续表

数学符号	相关说明
p	零售商单位产品零售价
p_e	单位延保服务定价
模型符号	
a	产品总潜在需求
b	消费者对产品质量的敏感系数
θ	消费者对延保服务价格的敏感系数
k	单位产品质量改进成本系数
β	产品故障率和产品质量相关系数
λ	产品故障率
t	延保服务时间
c_i	产品单位延保服务成本，$i=m$ 和 $i=r$ 分别表示制造商和零售商
D	产品需求
d	延保服务需求
π_m^j	制造商利润，$j=B,M,R$ 分别表示 B 模式、M 模式和 R 模式
π_r^j	零售商利润，$j=B,M,R$ 分别表示 B 模式、M 模式和 R 模式

(二)模型说明

制造商将产品以批发价 w 批发给零售商，零售商的产品零售价为 p。不失一般性，将制造商的单位产品固定生产成本标准化为 0，这是因为固定生产成本对供应链延保服务渠道模式不会产生实质性影响。假设产品质量对消费者而言是已知的，因为消费者可以根据产品的历史信息获得产品质量的基本信息（李杰，2013；Dai 等，2012）。产品质量是消费者在购买产品时关注的重要因素，所以，产品需求函数不仅是产品价格的函数，而且是产品质量的函数。诸多文献将产品需求看成价格和质量的线性函数（Padmanabhan，1995；谢家平等，2012；古川和罗峦，2016），所以，设产品需求函数 $D=a-p+bq$，其中，a 表示产品总潜在需求，b 表示消费者对产品质量的敏感系数。

消费者在零售商处购买产品后,可以选择购买延保服务,延保服务的提供者可以是制造商,也可以是零售商。延保服务需求的基础是产品需求,且延保服务需求与延保服务价格负相关,根据卢震和张剑(2013)对延保服务需求函数的构建,设延保服务需求为 $d=a-p+bq-\theta p_e$,其中,θ 表示消费者对延保服务价格的敏感系数。因为相比产品价格,消费者对延保服务价格更敏感(王素娟和胡奇英,2010),所以设 $\theta>1$。

假设制造商的产品质量改进成本函数为产品质量 q 的递增凸函数,制造商为使产品质量水平达到 q 而付出的产品质量改进成本为 $\frac{1}{2}kq^2$,其中,二次项表示 q 越大,提高产品质量付出的成本越多,k 表示单位产品质量改进成本系数。类似的产品质量改进成本函数还被鲁其辉和朱道立(2009)、Kaya 和 Ozer(2009)等诸多文献采用。

产品的故障率 λ 显然与产品质量 q 负相关。参照 Cooper 等(1985)的假设,产品故障率与产品质量呈线性关系,设产品故障率 $\lambda=1-\beta q$,其中,β 表示产品故障率和产品质量的相关系数,显然 $0<\lambda<1$。

消费者购买延保服务后,当产品出现故障时,消费者就会要求延保服务的提供者(制造商或零售商)提供维修服务,这时制造商或零售商就会付出相应的延保服务成本。假设产品的延保服务成本和产品的故障率、延保服务时间以及产品单位延保服务成本有关。假设在延保期内,产品出现故障的次数服从指数分布(Jack 和 Murthy,2007;Wu 等,2009;卢震和张剑,2013;郑晨,2018),设制造商和零售商的单位产品期望延保服务成本为 $c_i(1-\beta q)t$,其中,$(1-\beta q)t$ 表示产品期望故障次数,c_i 表示产品单位延保服务成本。因为制造商和零售商的延保服务时间 t 一般根据行业标准统一,且 t 的大小对模型结论没有实质性影响,所以假设制造商和零售商的延保服务时间 t 相等,不失一般性,设 $t=1$,则制造商和零售商单位产品期望延保服务成本为 $c_i(1-\beta q)$。

在供应链分散决策下,Stackelberg 博弈是典型的非合作主从博弈。在供应链中具有较大主导权的一方是领导者,具有较小主导权的一方是追随者。在耐用品售后服务领域,由于产品质量、产品批发价等影响供应链的重要因素都掌握在制造商手里,且本书研究的是制造商和零售商的非合作博弈,因此本书假设制造商是领导者,零售商是追随者,双方的决策遵循 Stackelberg 博弈过程。博弈决策顺序是制造商先宣布其最优决策,零售商观察到制造商的决策后再做出自己最优的反应决策。类似的假设在运营管理文献中被广泛采用(Chiang 等,2003;鲁其辉和朱道立,2009;肖迪和潘可文,2012)。

第三节 三种延保服务渠道模式下制造商和零售商的最优决策

一、B 模式下制造商和零售商的最优决策

作为比较基准,先分析 B 模式下制造商和零售商的最优决策。在 B 模式中,制造商和零售商均不提供产品延保服务。制造商和零售商进行 Stackelberg 博弈,制造商作为领导者先决定产品质量 q 和产品批发价 w,零售商随后决定产品零售价 p。

以下分别以上标 B、M、R 代表 B 模式、M 模式和 R 模式,上标 $*$ 代表最优解,如 w^{B*} 表示 B 模式下的最优产品批发价。

制造商的最优化问题如下:

$$\max_{q,w} \pi_m^B = w(a-p+bq) - \frac{1}{2}kq^2 \quad (3.1)$$

(3.1)式中的第一项为制造商产品批发利润,第二项为制造商产品质量改进成本。

零售商的最优化问题如下:

$$\max_p \pi_r^B = (p-w)(a-p+bq) \quad (3.2)$$

此时,零售商的利润为产品销售利润。

根据(3.1)式和(3.2)式可以求得制造商最优产品批发价、产品质量、零售商最优产品零售价以及零售商和制造商的最大利润。

定理 3.1 在 B 模式中，最优产品质量、产品批发价和产品零售价分别为 $q^{B^*}=\dfrac{ab}{4k-b^2}$、$w^{B^*}=\dfrac{2ak}{4k-b^2}$、$p^{B^*}=\dfrac{3ak}{4k-b^2}$，零售商和制造商的最大利润分别为 $\pi_r^{B^*}=\left(\dfrac{ak}{4k-b^2}\right)^2$ 和 $\pi_m^{B^*}=\dfrac{ka^2}{2(4k-b^2)}$。

二、M 模式下制造商和零售商的最优决策

在 M 模式中，制造商提供产品延保服务，制造商和零售商进行 Stackelberg 博弈，制造商作为领导者先决定产品质量 q、产品批发价 w 和延保服务价格 p_e，零售商根据产品批发价 w 决定产品零售价 p。

制造商的最优化问题如下：

$$\max_{q,w,p_e}\pi_m^M = w(a-p+bq)+[p_e-c_m(1-\beta q)](a-p+bq-\theta p_e)-\dfrac{1}{2}kq^2 \tag{3.3}$$

(3.3)式中的第一项为制造商产品批发利润，第二项为制造商延保服务销售利润，第三项为制造商产品质量改进成本。

零售商的最优化问题如下：

$$\max_{p}\pi_r^M=(p-w)(a-p+bq) \tag{3.4}$$

此时，零售商的利润为产品销售利润。

根据(3.3)式和(3.4)式可以求得制造商最优的产品批发价、产品质量、延保服务定价，零售商最优的产品零售价以及零售商和制造商的最大利润。

定理 3.2 在 M 模式中，最优产品质量、产品批发价、零售价和延保服务定价分别为 $q^{M^*}=\dfrac{T}{I_1}$、$w^{M^*}=\dfrac{kN-J_1(b+2\beta\theta c_m)}{I_1}$、$p^{M^*}=\dfrac{k(6a\theta+\theta c_m-a)-J_1(b+3\beta\theta c_m)}{I_1}$、$p_e^{M^*}=\dfrac{k[a+c_m(4\theta-1)]-J_1(b+\beta c_m)}{I_1}$。零售商最大利润 $\pi_r^{M^*}=\dfrac{\theta^2[k(2a-c_m)-\beta J_1 c_m]^2}{I_1^2}$，制造商最大利润 $\pi_m^{M^*}=\dfrac{[kN-J_1(b+2\beta\theta c_m)][k\theta(2a-c_m)-\beta\theta^2 c_m^2(b+a\beta)]+\theta[k(a-4\theta c_m)+bJ_1]^2}{I_1^2}-$

$\dfrac{kT^2}{2I_1^2}$。其中,$I_1=k(8\theta-1)-2\theta(b^2+b\beta c_m+2\theta\beta^2 c_m{}^2)$,$T=2ab\theta+a\beta\theta c_m-b\theta c_m-4\beta^2 c_m{}^2$,$J_1=\theta c_m(b+a\beta)$,$N=4a\theta+2\theta c_m-a$。

三、R 模式下制造商和零售商的最优决策

在 R 模式中,零售商提供产品延保服务,制造商和零售商进行 Stackelberg 博弈,制造商作为领导者先决定产品质量 q 和产品批发价 w,零售商根据产品批发价 w 决定产品零售价 p 和延保服务价格 p_e。

制造商的最优化问题如下:

$$\max_{q,w}\pi_m^R = w(a-p+bq)-\frac{1}{2}kq^2 \tag{3.5}$$

(3.5)式中的第一项为制造商产品批发利润,第二项为制造商产品质量改进成本。

零售商的最优化问题如下:

$$\max_{p,p_e}\pi_r^R = (p-w)(a-p+bq)+[p_e-c_r(1-\beta q)](a-p+bq-\theta p_e) \tag{3.6}$$

(3.6)式中的第一项为零售商产品销售利润,第二项为零售商延保服务销售利润。

根据(3.5)式和(3.6)式可以求得制造商最优的产品批发价和产品质量,零售商最优的产品零售价、延保服务定价以及零售商和制造商的最大利润。

定理 3.3 在 R 模式中,最优产品质量、产品批发价、产品零售价和延保服务定价分别为 $q^{R*}=\dfrac{\theta S(2a-c_r)}{I_2}$、$w^{R*}=\dfrac{k(2a-c_r)(4\theta-1)}{I_2}$、$p^{R*}=\dfrac{2k(6a\theta+\theta c_r-2a)-SJ_2}{I_2}$、$p_e^{R*}=\dfrac{k(2a+8\theta c_r-3c_r)-SJ_2}{I_2}$。零售商最大利润 $\pi_r^{R*} = \dfrac{2k\theta(2a-c_r)[k(4a\theta+6\theta c_r-2a-c_r)-SJ_2]}{I_2^2}+$

$$\frac{\theta[k(2a+c_r-8\theta c_r)+Sj_2]^2}{I_2^2}$$,制造商最大利润 $\pi_m^{R*} = \frac{k\theta(2a-c_r)^2}{2I_2}$。其中,$S=2b+\beta c_r$,$I_2=4k(4\theta-1)-\theta(2b+\beta c_r)^2$,$J_2=\theta c_r(b+a\beta)$。

第四节 模型对比分析

本节依据上一节得到的均衡结果,对三种模式下制造商和零售商的最优决策和最大利润进行对比分析。

一、最优决策对比分析

研究三种模型中最优产品质量 q^* 的性质,可得以下命题。

命题 3.1 在 B 模式、M 模式和 R 模式中,最优产品质量 q^* 是产品质量敏感系数 b 的增函数,是质量改进成本系数 k 的减函数,是产品总潜在需求 a 的增函数;在 M 模式和 R 模式中,最优产品质量 q^* 是延保服务价格敏感系数 θ 的减函数,是产品故障率和产品质量相关系数 β 的增函数。

比较三种不同延保服务渠道模式中的产品质量 q^*,分析不同渠道模式对产品质量的影响。

命题 3.2 比较 B 模式、R 模式和 M 模式中最优产品质量 q^{B*}、q^{R*} 和 q^{M*},有:

(1) $q^{R*} > q^{B*}$,$q^{M*} \geqslant q^{B*}$;

(2) 当 $c_r = c_m$ 时,$q^{R*} > q^{M*} \geqslant q^{B*}$。

命题 3.2 表明供应链提供延保服务时的产品质量高于不提供延保服务时的产品质量。这是因为当供应链提供延保服务时,产品质量会通过故障率影响延保服务成本,一般而言,产品质量越高,故障率越低,延保服务成本也越低,所以当供应链提供延保服务时,产品质量较无延保服务时高。可见,当供应链提供延保服务时,消费者可享受高质量的产品,从而提高消费者的满意度和福利。为了进一步比较 R 模式和 M 模式下的产品质量,假设 $c_r = c_m$,这是因为现实中制造商和零售商都可以选择将延保服务外包给第三方,所以可以选取行业平均延保服务成本作为制造商和零售商的延保服务成本。当 $c_r=c_m$ 时,由零售商提供延保服务的产品的质量更高,这一结论与聂佳佳和邓东方(2014)的研究结论相似。聂佳佳和邓东方比较了制造商提供延保服务和把延保服务外包给第三方的产品的质量,研究发现,当制造商将延保服务外包给第三方时,产品质量更高。

比较不同延保服务模式下的最优产品定价和延保服务定价,可得以下命题。

命题 3.3 比较 B 模式、R 模式和 M 模式下的最优产品定价 p^{B^*}、p^{R^*} 和 p^{M^*},有:

(1) 当 $\Delta_1>0$ 时,$p^{R^*}>p^{B^*}$;当 $\Delta_1\leqslant 0$ 时,$p^{R^*}\leqslant p^{B^*}$。

(2) 当 $\Delta_2>0$ 时,$p^{M^*}>p^{B^*}$;当 $\Delta_2\leqslant 0$ 时,$p^{M^*}\leqslant p^{B^*}$。

设 $c_r=c_m=c$,比较 R 模式和 M 模式下的最优产品定价 p^{R^*}、p^{M^*} 和延保服务定价 $p_e^{R^*}$、$p_e^{M^*}$,有:

(3) 当 $\Delta_3>0$ 时,$p^{R^*}>p^{M^*}$;当 $\Delta_3\leqslant 0$ 时,$p^{R^*}\leqslant p^{M^*}$。

(4) 当 $\Delta_4>0$ 时,$p_e^{R^*}>p_e^{M^*}$;当 $\Delta_4\leqslant 0$ 时,$p_e^{R^*}\leqslant p_e^{M^*}$。

其中:

$\Delta_1=4ak(b^2-k)+c_r k\theta(8k-4b\beta c_r+4ab\beta-ac_r\beta^2-10b^2)+c_r\theta b^2$
$\qquad (bc_r\beta+2ab\beta+ac_r\beta^2+2b^2)$

$\Delta_2=ak(b^2-k)+c_m k\theta(4k-12b\beta c_m\theta+2ab\beta-5b^2)+c_m\theta b^2(b^2+ab\beta$
$\qquad +3bc_m\theta\beta+3ac_m\theta\beta^2)$

$\Delta_3=\beta^2\theta^2 b^2 c^2(2a-12a\theta+c-4c\theta)+b\theta^2 c^3\beta^3(a+c\theta-4a\theta)$
$\qquad +2\beta\theta^2 c^2 b^3(1-6\theta)+a\theta^3 c^4\beta^4+k\beta\theta^2 c^2(\beta c-4a\beta-20b-8\beta c\theta$
$\qquad +48b\theta)+bc k\beta\theta(a+2c)+4k\theta(ab^2-cb^2-ak)$

$\Delta_4=\beta^2\theta^3 c^3(4ac\beta^2+4bc\beta-32k+8b^2+8ab\beta)-a\theta^2\beta^4 c^4-ck\beta\theta$
$\qquad (bc+2ac\beta+\beta c^2+2ab)+b\beta\theta^2 c^2(8k-3bc\beta-2b^2-2ab\beta$
$\qquad -\beta^2 c^2-3ac\beta^2)+k^2(2a-c)+16k\theta^2\beta^2 c^3$

命题 3.3 表明不同延保服务模式下最优产品定价和延保服务定价受

到市场潜在规模 a、产品质量敏感系数 b、延保服务价格敏感系数 θ 等参数的综合影响。制造商产品的批发价会影响零售商产品的定价,零售商产品的定价又会影响产品需求和延保服务需求,所以当供应链同时存在产品市场和延保服务市场时,制造商和零售商在给产品定价时会综合考虑自己是否提供延保服务。对电子消费类产品,大部分企业通过制定较高的产品价格和较低的延保服务价格或较低的产品价格和较高的延保服务价格来进行价格竞争。例如华为手机 p50 Pro,京东售价为 5 958 元,2 年期延保服务价格为 309 元,采取的是较高的产品定价和较低的延保服务定价[①];而华为手机荣耀畅玩 7 的京东售价为 699 元,3 年期延保服务价格却高达 176 元,采取的是较低的产品定价和较高的延保服务定价[②]。

在现代产品日益同质化、市场竞争越来越激烈的情况下,市场需求成为企业竞争的关键因素。比较不同模式下的产品需求 D^* 和延保服务需求 d^*,为方便比较,记 B 模式、R 模式和 M 模式下的产品需求分别为 D^{B^*}、D^{R^*} 和 D^{M^*},R 模式和 M 模式下的延保服务需求分别为 d^{R^*} 和 d^{M^*},可得以下命题。

命题 3.4 比较 B 模式、R 模式和 M 模式下的产品需求 D^{B^*}、D^{R^*} 和 D^{M^*},R 模式和 M 模式下的延保服务需求 d^{R^*} 和 d^{M^*},有:

(1) $D^{M^*} \geqslant D^{B^*}$,$D^{R^*} > D^{B^*}$;

(2) 当 $c_r = c_m$ 时,$D^{R^*} > D^{M^*} \geqslant D^{B^*}$,$d^{R^*} > d^{M^*}$。

命题 3.4 表明,供应链提供延保服务时即对消费者提供了增值服务,满足了消费者对售后服务的需求,增加了产品的差异化优势,使供应链的产品需求增加。当 $c_r = c_m$ 时,由零售商提供延保服务可以赢得更大的产品市场和延保服务市场,这是因为零售商直接面对终端市场,拥有与消费者直接沟通的渠道。在 R 模式中,零售商掌握着产品定价和延保服务定价两大关键市场因素,有更多渠道定价权,且由于产品和延保服务具有互补效应,因此零售商提供延保服务时一般会适当降低产品价格,在扩大产

---

① 资料来源:https://item.jd.com/100016944073.html。

② 资料来源:https://item.jd.com/67753066453.html。

品需求的同时扩大了延保服务需求。而制造商只能通过提高产品质量来增加产品需求,产品质量对产品需求的影响没有产品价格的影响力度大,所以由零售商提供延保服务可以获得更大的市场需求,为供应链赢得市场竞争优势。

二、最大利润对比分析

下面比较 B 模式和 M 模式中零售商和制造商的最大利润,分析零售商和制造商能否从对方提供的延保服务中"搭便车"获利。

定理 3.4 比较 B 模式和 M 模式中零售商的最大利润 π_r^{B*} 和 π_r^{M*}、B 模式和 R 模式中制造商的最大利润 π_m^{B*} 和 π_m^{R*},有:

(1) $\pi_r^{M*} \geqslant \pi_r^{B*}$;

(2) 当 $c_m \geqslant c_r$ 时,$\pi_m^{R*} > \pi_m^{B*}$。

定理 3.4 表明与无延保服务的基准模型相比,制造商提供延保服务时零售商利润增加,零售商可以在制造商提供延保服务时"搭便车"获利。当 $c_m \geqslant c_r$、零售商提供延保服务时,制造商利润增加,制造商也可以在零售商提供延保服务时"搭便车"获利。在当前社会经济由"产品经济"向"服务经济"和"体验经济"转型的过程中,对耐用产品,产品功能上的差异日趋缩小,产品质量和售后维修服务由于可模仿性较低,可以提高差异化竞争优势,因此成为竞争的关键,消费者在购买产品时比以往更加关注产品质量和售后维修服务的体验。供应链在提供产品的同时提供延保服务,满足了消费者的多样化需求,提升了客户价值,使产品质量提高的同时也给供应链增加了新的利润来源。由于当 $c_m < c_r$ 时,π_m^{R*} 与 π_m^{B*} 的大小难以做出明确的数理证明,且 R 模式下零售商最大利润 π_r^{R*} 和 M 模式下制造商最大利润 π_m^{M*} 过于复杂,因此下面将用数值算例进一步对 $c_m \neq c_r$ 时三种模式下零售商和制造商的最大利润进行比较。

第五节 算例分析

一、产品质量、产品需求和延保服务需求的对比分析

在命题 3.2 和命题 3.4 中对 R 模式和 M 模式下最优决策进行对比时假设 $c_r = c_m$,得到了一些重要结论。接下来通过算例比较 $c_r \neq c_m$ 时不同模式下最优产品质量、产品需求和延保服务需求的大小。基本参数取值如下:市场基本需求 $a = 200$,单位产品质量改进成本系数 $k = 5$,零售商延保服务成本系数 $c_r = 20$,消费者对延保服务价格的敏感系数 $\theta = 3$,消费者对产品质量的敏感系数 $b = 0.5$。假设制造商和零售商的延保服务成本呈线性关系,即 $c_m = xc_r$,易知此时产品故障率和产品质量相关系数 β 需满足 $\beta \in [0.035, 0.072]$。取 $\beta = 0.07$,则 $x \leq 1.174$。取 $x \in [0.57, 1.17]$,x 对不同延保服务渠道模式下最优产品质量、产品需求和延保服务需求的影响如图 3.2 至图 3.4 所示。

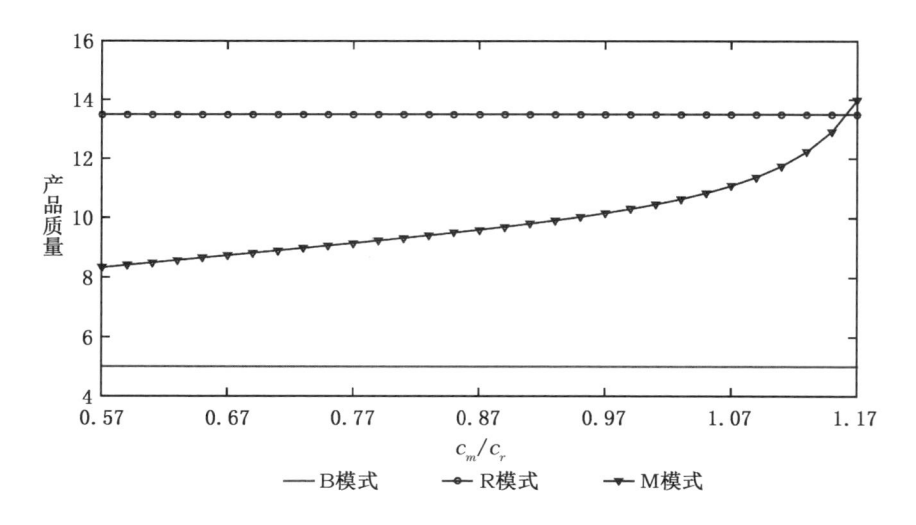

图 3.2 c_m/c_r 对产品质量的影响

图 3.2 表明，R 模式和 M 模式下的产品质量均高于 B 模式下的产品质量，当 $c_m/c_r=1$ 时，$q^{R^*}>q^{M^*}>q^{B^*}$，验证了命题 3.2。只有当 $c_m/c_r>1.16$、接近 c_m/c_r 的上限 1.17 时，才有 $q^{M^*}>q^{R^*}$，这表明在绝大多数情况下，由零售商提供延保服务可以获得更高的产品质量。图 3.2 也表明，M 模式下的产品质量 q^{M^*} 随 c_m/c_r 的增加而增加，且增加得越来越快。c_m/c_r 越大，说明制造商延保服务的成本越大。在本算例中，β 的取值较大，β 越大说明产品质量对产品故障率的影响越大，这时制造商通过提高产品质量来降低延保服务成本的作用越显著。在 β 和 c_m 都较大时，β 和 c_m 的双重叠加效应使得制造商通过提高产品质量来降低延保服务成本的效果更显著，所以制造商有足够的动力提高产品质量。制造商提供延保服务，一方面要努力通过技术创新降低延保服务成本，另一方面要全力提高产品质量，并且积极引导消费者正确使用和保养产品，以期降低产品故障率。

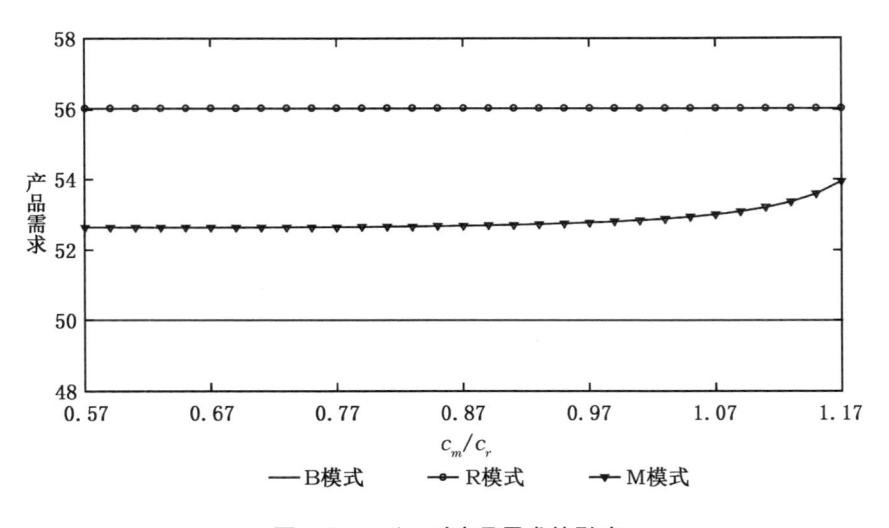

图 3.3 c_m/c_r 对产品需求的影响

图 3.3 表明，$D^{R^*}>D^{M^*}\geqslant D^{B^*}$，这验证并推广了命题 3.4 的结论，表明无论是制造商提供延保服务还是零售商提供延保服务，产品需求均

大于无延保服务时的产品需求,还表明延保服务的存在提高了供应链系统的绩效。从图3.3可见,零售商提供延保服务可以获得最大的产品需求,这主要有以下两个方面的原因:一是零售商面对终端市场,掌握着产品定价、需求弹性和延保服务定价等关键市场因素,对市场具有更强的调控能力;二是延保服务和产品具有互补效应,当零售商提供延保服务时,零售商会适当降低产品价格,从而扩大产品需求,产品需求的扩大势必扩大延保服务需求。从图3.3中不难发现,当制造商提供延保服务时,产品需求随c_m/c_r的增加而增加,c_m/c_r增加会引起产品质量的提高,而产品质量的提高必然对产品需求产生正向影响。

由此可以得到这样的管理启示:制造商可以和零售商达成战略联盟,制造商致力于产品质量的改进和提升,零售商则负责提供延保服务,从而使供应链在提高消费者福利的同时扩大产品需求,实现供应链绩效的提升。当制造商提高产品质量水平、零售商提供延保服务时,零售商无疑是最大的受益者,制造商和零售商可以采用收益共享契约对供应链增加的利润进行重新分配;当然,制造商和零售商也可以采用成本分担契约,由零售商承担制造商的一部分质量改进成本,从而达到供应链的协调。

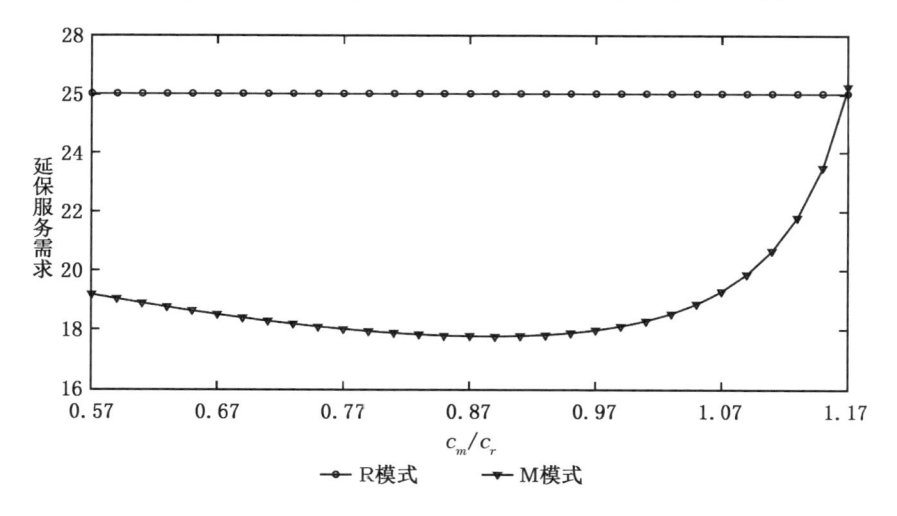

图3.4 c_m/c_r对延保服务需求的影响

图 3.4 表明,在 c_m/c_r 的大部分范围内,R 模式下的延保服务需求大于 M 模式下的延保服务需求,只有当 c_m/c_r 趋近于其约束上限 1.17 时,才有 M 模式下的延保服务需求大于 R 模式下的延保服务需求。延保服务需求主要受两个方面因素的影响:一是产品市场需求,在同等条件下,产品市场需求越大,延保服务需求就越大;二是延保服务价格,延保服务价格越高,延保服务需求就越小。因为 R 模式下的产品需求显著大于 M 模式下的产品需求,所以绝大多数情况下,R 模式下的延保服务需求大于 M 模式下的延保服务需求。由于延保服务具有较高的利润,因此对供应链来说,通常应由零售商提供延保服务,从而满足较大的产品需求和延保服务需求,赢得市场竞争优势,提升供应链绩效。

二、利润比较及延保服务渠道选择分析

通过数值算例进一步研究制造商和零售商延保服务成本系数比 c_m/c_r 对零售商、制造商和供应链系统利润及延保服务渠道选择的影响,为实践中供应链成员企业的延保服务决策提供管理借鉴。本部分的参数取值同算例分析的第一部分。c_m/c_r 对零售商利润、制造商利润和供应链系统利润的影响分别如图 3.5 至图 3.7 所示。

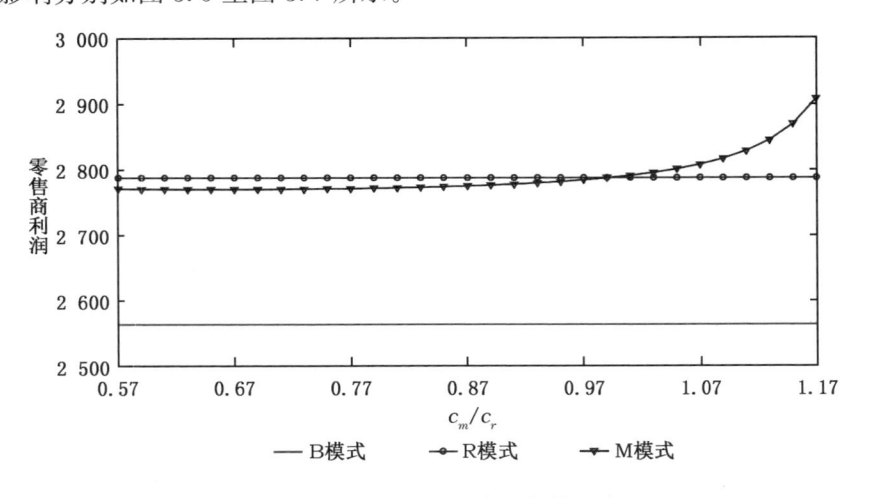

图 3.5 c_m/c_r 对零售商利润的影响

图 3.5 表明，对零售商来说，无论是自己提供延保服务还是制造商提供延保服务，零售商的利润都高于无延保服务时的利润，这说明供应链提供延保服务可以增加零售商的利润。对零售商来说，当 $c_m/c_r \leqslant 1$ 时，自己提供延保服务更有利；当 $c_m/c_r > 1$ 时，由制造商提供延保服务更有利。这验证和推广了定理 3.4 的结论。从图 3.5 中不难发现，零售商利润随 c_m/c_r 的增加而增加。c_m/c_r 越大说明制造商延保服务成本系数 c_m 越大，制造商提供延保服务的效率越低，这时制造商有足够的动力去提高产品质量从而降低产品故障率，进而降低延保服务成本，同时促进产品需求的增加，从而提高零售商的利润，使零售商"搭便车"获利。由于制造商改进产品质量必然导致生产成本的提高，因此零售商可以和制造商用成本分担契约分担制造商的部分生产成本，从而达到供应链的协调。

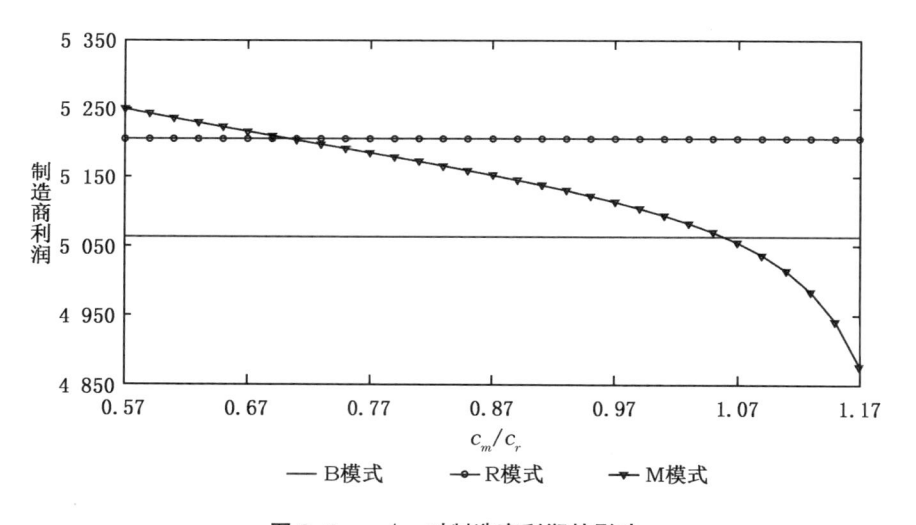

图 3.6 c_m/c_r 对制造商利润的影响

图 3.6 表明，对制造商来说，当零售商提供延保服务时，制造商的利润高于无延保服务时的利润，说明制造商可以在零售商提供延保服务时"搭便车"获利，这验证了定理 3.4。比较 M 模式和 B 模式下的制造商利润可以发现，当 $c_m/c_r < 1.07$ 时，$\pi_m^{M*} > \pi_m^{B*}$；当 $c_m/c_r \geqslant 1.07$ 时，$\pi_m^{M*} \leqslant \pi_m^{B*}$。这表明制造商提供延保服务是否获利取决于自身延保服务的成本系数 c_m，当

c_m 较大时,制造商提供延保服务的效率较低,这时制造商提供延保服务并不能增加利润。比较 M 模式和 R 模式下的制造商利润,当 $c_m/c_r<0.71$ 时,$\pi_m^{M^*}>\pi_m^{R^*}$;当 $c_m/c_r\geqslant0.71$ 时,$\pi_m^{M^*}\leqslant\pi_m^{R^*}$。对制造商来说,只有其延保服务成本比零售商有更大优势,自己提供延保服务才更有利,否则,由零售商提供延保服务更有利。这一结果与现实中的案例相符。例如,小米对其生产的电子产品均不提供延保服务,而专注于产品质量的改进和提升,其电子产品的延保服务均由零售商提供,如零售巨头苏宁易购对小米电子产品均提供 1~3 年的延保服务。通过供应链的合理分工,零售商利用自有销售渠道的便利性提供延保服务,可以更好地利用产品和延保服务的互补效应,提高供应链绩效,而小米产品质量的提高也为小米赢得了竞争优势,使小米的产品市场保持了较快速度的增长。

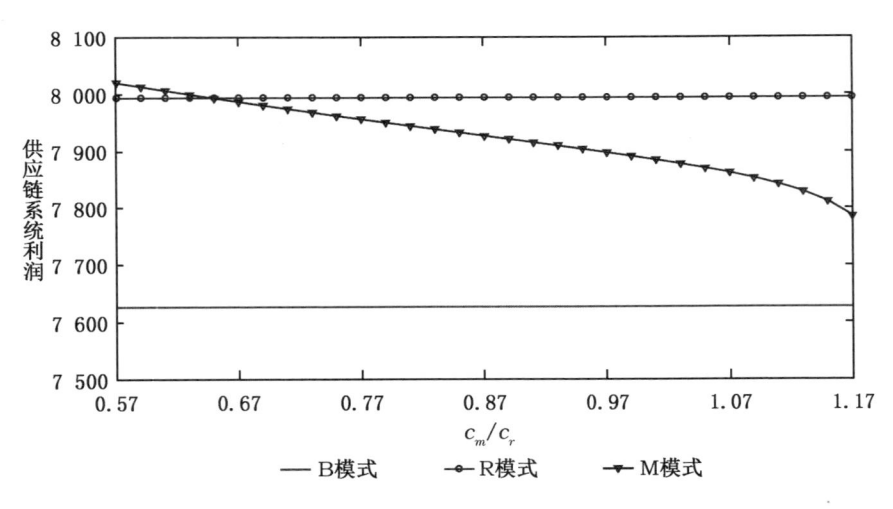

图 3.7 c_m/c_r 对供应链系统利润的影响

图 3.7 表明,当 $c_m/c_r<0.65$ 时,由制造商提供延保服务,供应链系统利润最大;当 $c_m/c_r\geqslant0.65$ 时,由零售商提供延保服务,供应链系统利润最大。这表明,在绝大多数情况下,由零售商提供延保服务是供应链系统的最优延保服务渠道策略,这正好解释了为什么目前市场上越来越多的零售商提供延保服务。例如,大型零售商京东、淘宝、国美等都提供延保服务。

在英国,81%的延保服务由零售商提供。在美国,99%以上的家电零售商如百思买、亚马逊等提供延保服务。另外,澳大利亚、丹麦、法国、荷兰、瑞典等国家也是零售商在延保服务市场中占据主导地位(岳娜,2010)。

固定 $c_m=c_r$,研究产品故障率和产品质量相关系数 β 对零售商和制造商的利润以及延保服务渠道选择的影响。之所以选择 β,是因为对延保服务供应链来说,产品质量与产品故障率之间的关系会通过影响产品故障率而对延保服务的成本产生重要影响,进而对供应链的延保服务渠道模式产生影响。其他参数的取值同算例分析第一部分。由本章的约束条件可知,这时,β 需满足 $\beta\in[0.035,0.072]$,取 $\beta\in[0.042,0.072]$,β 对零售商、制造商和供应链系统利润的影响分别如图 3.8、图 3.9 和图 3.10 所示。

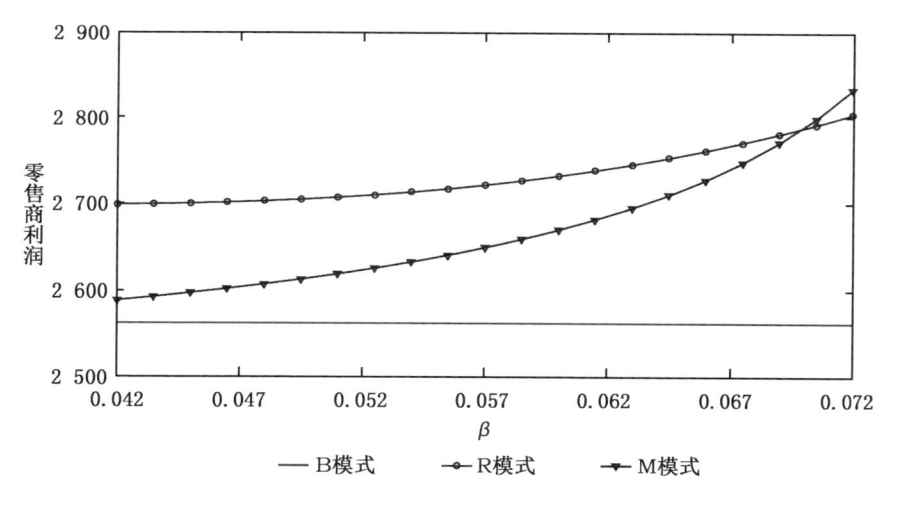

图 3.8 β 对零售商利润的影响

图 3.8 表明,零售商利润随 β 的增加而增加。β 越大,说明产品质量提高对降低故障率的作用越大,对降低延保服务成本的作用也就越大,所以零售商利润增加。对零售商来说,当 $\beta\leqslant0.07$ 时,由自己提供延保服务更有利;只有当 $\beta>0.07$、接近 β 的上限 0.072 时,由制造商提供延保服务才更有利。这说明,在绝大多数情况下,零售商应该自己提供延保服务,且图 3.8 也表明,不管是制造商还是零售商提供延保服务,零售商的利润均增加,这验证和扩展了定理 3.4 的结论。

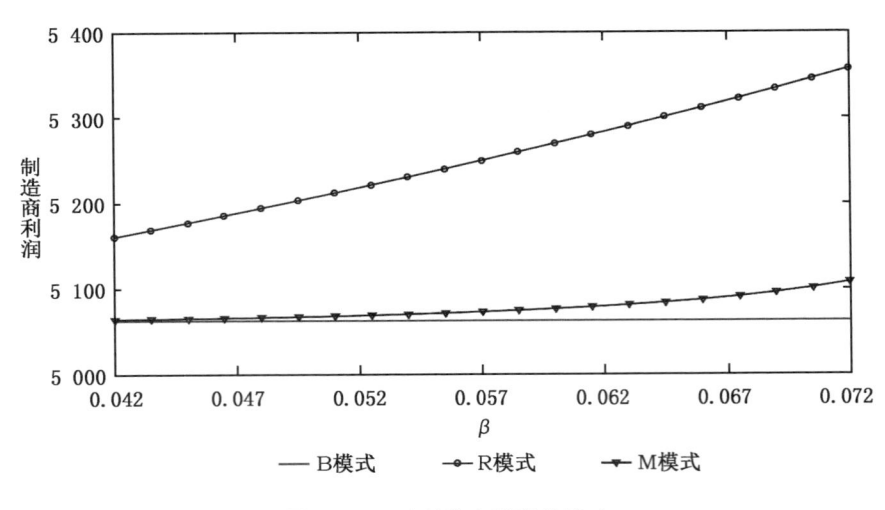

图 3.9 β 对制造商利润的影响

图 3.9 表明，制造商利润随 β 的增加而增加。β 越大，说明产品质量提高对降低故障率的作用越大，对降低延保服务成本的作用也就越大，所以制造商利润增加。由图 3.9 可见，对制造商来说，不管是自己提供延保服务还是零售商提供延保服务，制造商利润均增加，而由零售商提供延保服务对制造商最有利。

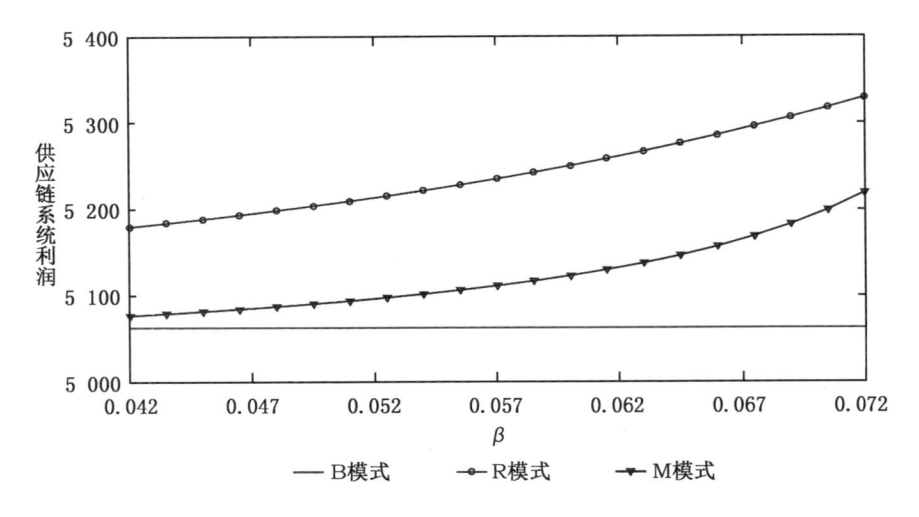

图 3.10 β 对供应链系统利润的影响

图 3.10 表明，在本算例的取值范围内，对供应链系统来说，由零售商提供延保服务可以赢得最大利润，而供应链不提供延保服务时利润最小。由命题 3.4 可知，零售商提供延保服务可以比制造商提供延保服务赢得更高的产品需求和延保服务需求，所以对供应链来说，由零售商提供延保服务，供应链系统绩效最大。实践中，供应链的延保服务可以交由零售商提供，制造商致力于提高产品质量，制造商和零售商可以采用收益共享契约或者成本分担契约对增加的利润进行二次分配。

第六节 本章小结

产品质量是描述产品纵向差异化的一个重要特性，在延保服务供应链中，产品质量对生产成本、延保服务成本、产品需求乃至延保服务需求都有重要的影响。以往的文献大多是在产品质量的基础上研究延保服务的定价，而少有文献关注产品质量对延保服务供应链的影响。基于此，本章构建了由一个制造商和一个零售商组成的两级延保服务供应链系统，将产品质量作为连续的内生变量，按延保服务的提供方式建立了无延保服务的基准模型、制造商提供延保服务的模型和零售商提供延保服务的模型，利用 Stackelberg 博弈方法对三种模型进行了求解，得到了不同模式下的最优产品质量、产品定价、延保服务定价以及制造商和零售商的最大利润，并且对三种模型的最优解进行了对比分析，最后用数值算例对本章的结论进行了验证和拓展。

本章主要的研究结论和管理启示如下：

(1) 供应链提供延保服务时的产品质量和产品需求高于无延保服务时的产品质量和产品需求。供应链提供延保服务促进了产品质量的提高，扩大了产品需求，增加了消费者的福利。因为产品质量对延保服务供应链有决定性影响，所以需要激励制造商加大对产品质量的投入和改进，同时引导消费者对高品质产品的识别和偏好。

(2) 在大多数情况下，由零售商提供延保服务，产品质量、产品需求和延保服务需求更高。零售商提供延保服务时,由于零售商掌握产品定价、延保服务定价等关键市场因素,可以通过产品和延保服务的互补效应更有效地扩大产品需求和延保服务需求,提高供应链的市场竞争能力,因此供应链成员应该合理分工,由制造商负责提供高质量的产品,由零售商负责提供延保服务,共同提高市场份额,做大"蛋糕"。制造商和零售商可以采用收益共享契约对供应链新增的利润进行分配。

(3)零售商和制造商都可以从对方提供延保服务中"搭便车"获利。对零售商来说,制造商和零售商延保服务成本系数比、产品故障率与产品质量相关系数等参数决定了由哪一方提供延保服务对自己更有利。对制造商来说,当制造商延保服务成本比零售商有更大的优势时,自己提供延保服务更有利,否则,由零售商提供延保服务更有利。对供应链系统来说,当制造商的延保服务成本比零售商有更大优势时,由制造商提供延保服务的利润更大,否则,由零售商提供延保服务的利润更大。

综上,在产品单渠道情形下,本章考虑产品质量对延保服务供应链的影响,通过计算分析得到制造商和零售商的最优延保服务渠道策略,具有一定的理论价值和实践价值。本章假设供应链产品是单渠道销售,但是在现实生活中,市场上普遍存在制造商双渠道销售产品的情形,当产品双渠道销售时,制造商和零售商的延保服务决策变化将在下一章分析。

第四章　产品双渠道的供应链延保服务渠道策略研究[①]

本书主要基于不同的产品渠道结构研究单主体（制造商或零售商）以及双主体（制造商和零售商）提供延保服务时的供应链延保服务渠道策略。上一章在产品单渠道下，研究了单主体（制造商或零售商）提供延保服务的渠道策略。由于目前越来越多制造商的产品通过双渠道销售，而延保服务需求来源于产品需求，因此制造商增加一个产品直销渠道后会对延保服务产生重要影响。基于此，本章在产品双渠道下，研究单主体（制造商或零售商）提供延保服务时的供应链延保服务渠道策略。首先，建立无延保服务的基本模式、制造商提供延保服务的模式和零售商提供延保服务的模式；接着，对比分析各模式的均衡结果，得出一些有意义的结论，并将部分结论与上一章中的结论进行对比；最后，通过数值算例进一步研究产品市场基本需求分割比例对制造商和零售商的利润以及延保服务提供的影响。

第一节　研究背景

当前，随着移动互联网的广泛普及和信息技术的日新月异，网络支付方式以及物流配送服务不断完善，网络购物以其轻松、便捷、高效的优点受到越来越多消费者的欢迎，网购用户规模不断扩大。2021年全国网上零售额达到13.1万亿元，比2012年增长了9倍。2021年全国实物商品

[①] 与本章相关的内容已发表在《系统工程》2021年第39卷第2期。

网上零售额达到10.8万亿元,占社会零售总额的24.5%,规模居世界第一。网络销售额的大幅增加主要是因为企业的销售渠道模式在发生巨大的变化,越来越多的企业开始寻求传统零售渠道和网络直销渠道相融合的双渠道销售模式(Chiang 等,2003;李佩等,2018)。例如,格力、苹果和华为等制造商除了采用传统的零售分销渠道,还采用网上直销渠道销售产品;以线上销售著称的互联网企业小米也开始采用线下分销模式扩大销售渠道。

制造商开通网上直销渠道直接面对终端消费者,可以更好地掌握消费者的需求和偏好,同时能够对市场需求做出更为准确的预测,且制造商对产品性能更加了解,能够为消费者提供更多关于产品质量、性能、维护等方面的信息,所以,制造商开通网上直销渠道有助于增强顾客的忠诚度和满意度,提高市场占有率,增加利润。因此,制造商采用双渠道战略已成为当前应对市场激烈竞争的重要手段(Viswanathan,2005;Croom,2005)。然而,由于制造商和零售商同时销售相同的产品,制造商开通网络直销渠道将不可避免地导致一部分传统渠道的客户转向网络渠道,进而损害零售商的利润,因此,一些传统零售商将制造商开通网络直销渠道视为威胁,对制造商的这一行为并不欢迎甚至抵制,使双渠道供应链的冲突更加突出。所以,制造商在提高自身利益的同时缓解渠道冲突就显得至关重要。

国内外对双渠道供应链的研究主要集中在制造商开通双渠道的条件以及如何对双渠道供应链进行协调。Chiang 等(2003)认为引入网络直销渠道可以提高制造商的价格控制能力,还可以减轻渠道成员间的双重边际效应。陈远高和刘南(2010)指出两种渠道之间的服务竞争使双渠道供应链优于单渠道供应链;消费者对网络渠道的接受程度影响双渠道供应链成员的利润分配,占优制造商会根据网络渠道接受度选择最优的渠道策略。Geng 和 Mallik(2007)指出在制造商供应能力受限的情况下,逆向收入分享契约可以实现双渠道供应链的协调。郭亚军和赵礼强(2008)的研究表明制造商采取双渠道能扩大市场需求,导致传统零售商产品价格降低,制造商利润增加,但会使零售商利润受损,因而设计了转移支付的协调机制以实现双渠道供应链的协调。申成然等(2014)研究了双渠道供应链的定价决策及协调策略问题,结果表明,制造商开通网络直销渠道使零售商收益受损,渠道冲突加剧,而通过采用特许经营与收益分享的混合契约可以实现供应链的协调。

在产品双渠道供应链中,当引入延保服务后,延保服务依附于产品,产品需求对延保服务需求有直接的影响,且延保服务的提供会对产品需求产生影响。现实中,产品双渠道的供应链延保服务提供模式有两种:一是制造商提供延保服务,如苹果、三星、华为等制造商均向所有购买产品的消费者提供延保服务;二是零售商提供延保服务,如全球大型家用电器和电子产品零售商百思买,无论消费者在哪个渠道购买产品,均可以购买百思买的延保服务。所以,本章在上一章研究的基础上进一步拓展。在上一章的研究中,我们假设产品单渠道,研究的核心是在产品质量内生的情况下的供应链延保服务渠道模式。我们建立了无延保服务的基准模型、制造商提供延保服务的模型和零售商提供延保服务的模型,比较了三种模型下的均衡决策以及制造商和零售商的最大利润。本章考虑产品双渠道供应链,在制造商和零售商的产品渠道竞争的视角下,进一步研究产品双渠道对供应链延保服务渠道模式的影响以及供应链的最优延保服务渠道模式,并与上一章产品单渠道供应链延保服务的结论作比较,揭示产品渠道竞争对供应链延保服务渠道模式的影响。

第二节　问题描述与模型

一、问题描述

这里研究由一个制造商和一个零售商组成的两级延保服务供应链系统,制造商通过网络直销渠道和传统零售渠道双渠道销售产品。产品的延保服务可以由制造商或零售商提供。制造商提供产品的基本保修服务,因为本书聚焦产品延保服务的研究,所以将基本保修期标准化为0。按照现实中延保服务提供方式的不同,将供应链延保服务渠道模式分为三种:(1)制造商和零售商均不提供延保服务(B模式)。一些快速消费品如水杯、餐具等往往生命周期较短且价格相对便宜,这些产品无须延保服务。(2)制造商提供延保服务(M模式)。一些耐用品如汽车、大型医疗设备等大多由制造商提供延保服务。(3)零售商提供延保服务(R模式)。这类产品如手机、空调等,它们的生命周期相对较长且技术门槛相对较低。那么,不同延保服务渠道对供应链产品需求和延保服务需求的影响如何?制造商和零售商要不要为产品提供延保服务?产品渠道竞争如何影响延保服务的提供模式?本章通过构建三种不同的延保服务渠道模式制造商和零售商的利润函数,求解三种延保服务渠道模式下制造商和零售商的最优决策,给出制造商和零售商的最大利润以及最优延保服务渠道策略。图4.1是产品双渠道的三种供应链延保服务渠道模式,其中,实线表示产品,虚线表示延保服务。

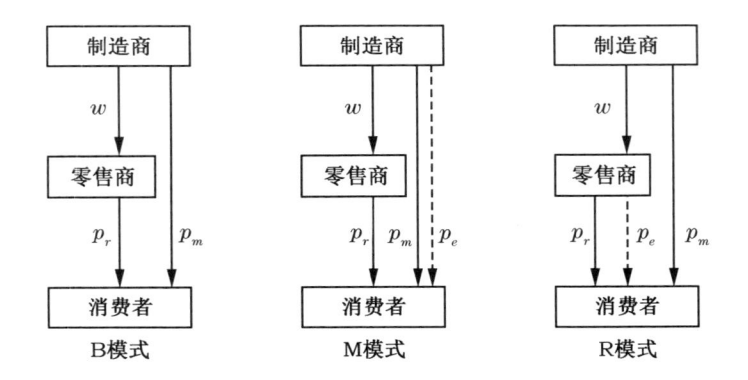

图 4.1 产品双渠道的三种供应链延保服务渠道模式

二、模型

(一)符号说明

本章中涉及的数学符号及相关说明如表 4.1 所示。

表 4.1　　　　　　　　　　　　　符号说明

数学符号	相关说明
决策变量	
w	制造商产品批发价
p_m	制造商产品零售价
p_r	零售商产品零售价
p_e	延保服务零售价
模型符号	
a	产品总潜在需求
s	产品市场分割比例
b	消费者对竞争产品价格的敏感系数
θ	消费者对延保服务价格的敏感系数
t	延保服务时间
c_i	单位延保服务成本系数，$i=m$ 和 $i=r$ 分别表示制造商和零售商
D_i	产品需求，$i=m$ 和 $i=r$ 分别表示制造商和零售商
d_i	延保服务需求，$i=m$ 和 $i=r$ 分别表示制造商和零售商
π_m^j	制造商利润，$j=B,M,R$ 分别表示 B 模式、M 模式和 R 模式
π_r^j	零售商利润，$j=B,M,R$ 分别表示 B 模式、M 模式和 R 模式

(二) 模型说明

制造商将产品以批发价 w 批发给零售商，零售商的产品零售价为 p_r，制造商直销渠道的产品零售价为 p_m。不失一般性，将制造商单位产品的固定生产成本标准化为 0，这是因为固定生产成本对供应链延保服务渠道模式不会产生实质性影响。与但斌等(2011)的研究类似，构造双渠道产品需求函数，设零售商产品需求函数为 $D_r=sa-p_r+bp_m$，制造商产品需求函数为 $D_m=(1-s)a-p_m+bp_r$，其中，a 表示产品总潜在需求，s 表示产品市场分割比例，s 越大表明零售商产品的潜在需求越大，b 表示消费者对竞争产品价格的敏感系数，b 越大说明消费者对竞争渠道产品的价格越敏感。由制造商和零售商的产品市场需求就可以得到总产品需求 $D=a-(1-b)(p_m+p_r)$。

延保服务需求的基础是产品需求，且延保服务需求与延保服务价格负相关，与延保期正相关。根据 Li 等（2012）对延保服务需求函数的构造，设延保服务需求函数为 $d=a-(1-b)(p_m+p_r)-\theta\frac{p_e}{t}$，其中，$\theta$ 表示消费者对单位时间延保服务价格的敏感系数，t 表示延保服务时间，相比产品价格，消费者对单位时间的延保服务价格更敏感（王素娟和胡奇英，2010），设 $\theta>1$。因为制造商和零售商的延保服务时间 t 一般根据行业标准统一，且 t 的大小对模型结论没有实质性影响，所以假设制造商和零售商的延保服务时间 t 相等，不失一般性，设 $t=1$，则延保服务需求函数为 $d=a-(1-b)(p_m+p_r)-\theta p_e$。

消费者购买了延保服务后，当产品出现故障时，消费者就会要求延保服务的提供者（制造商或零售商）提供维修服务，这时制造商或零售商就会付出相应的延保服务成本。假设产品的延保服务成本与延保服务时间以及产品单位延保服务成本系数有关，设制造商和零售商的产品延保服务成本为 $c_i t^2$（Li 等，2012），c_i 表示产品单位延保服务成本系数，c_i 表示提供延保服务的效率，由前面 $t=1$ 的假设可知，产品单位延保服务成本为 c_i，$i=m,r$ 分别表示制造商和零售商。

与上一章类似，本章假设制造商在供应链中是领导者，零售商是追随者，双方的决策遵循 Stackelberg 博弈过程。博弈决策顺序是制造商先宣布其最优决策，零售商观察到制造商的决策后再做出自己最优的反应决策。

第三节　三种延保服务渠道模式下制造商和零售商的最优决策

一、B 模式下制造商和零售商的最优决策

作为比较基准，先分析 B 模式中制造商和零售商的最优决策。在 B

模式中,制造商和零售商均不提供产品延保服务。制造商和零售商进行 Stackelberg 博弈,制造商作为领导者先决定产品批发价 w 和直销渠道产品零售价 p_m,零售商随后决定产品零售价 p_r。

制造商的最优化问题如下:

$$\max_{w,p_m} \pi_m^B = w(sa - p_r + bp_m) + p_m[(1-s)a - p_m + bp_r] \quad (4.1)$$

(4.1)式中的第一项为制造商产品批发利润,第二项为制造商产品销售利润。

零售商的最优化问题如下:

$$\max_{p_r} \pi_r^B = (p_r - w)(sa - p_r + bp_m) \quad (4.2)$$

此时,零售商的利润为产品销售利润。

根据(4.1)式和(4.2)式可以求得制造商最优产品批发价、产品零售价,零售商最优产品零售价以及制造商和零售商的最大利润。

以下用上标 B、M、R 分别表示 B 模式、M 模式和 R 模式,上标 $*$ 表示最优解,例如,w^{B^*} 表示 B 模式下的最优产品批发价。

定理 4.1 在 B 模式中,制造商最优产品批发价 $w^{B^*} = \dfrac{a(1-k+ks)}{2(2k-k^2)}$,最优产品零售价 $p_m^{B^*} = \dfrac{a(1-ks)}{2(2k-k^2)}$,最大利润 $\pi_m^{B^*} = \dfrac{a^2[2-2ks(2-s)+k^2s^2]}{8(2k-k^2)}$。零售商最优产品零售价 $p_r^{B^*} = \dfrac{a[2-k(2-4s)-k^2s]}{4(2k-k^2)}$,最大利润 $\pi_r^{B^*} = \left(\dfrac{as}{4}\right)^2$。其中,$k=1-b$。

二、M 模式下制造商和零售商的最优决策

在 M 模式中,制造商提供并销售延保服务,制造商和零售商进行 Stackelberg 博弈,制造商作为领导者先决定产品批发价 w、产品零售价 p_m 和延保服务零售价 p_e,零售商根据产品批发价 w 决定产品零售价 p_r。

制造商的最优化问题如下:

$$\max_{w,p_e,p_m}\pi_m^M = w(sa-p_r+bp_m)+p_m[(1-s)a-p_m+bp_r]$$
$$+(p_e-c_m)[a-(1-b)(p_m+p_r)-\theta p_e] \quad (4.3)$$

(4.3)式中的第一项为制造商产品批发利润,第二项为制造商产品销售利润,第三项为制造商延保服务销售利润。

零售商的最优化问题如下:

$$\max_{p_r}\pi_r^M = (p_r-w)(sa-p_r+bp_m) \quad (4.4)$$

此时,零售商的利润为产品销售利润。

根据(4.3)式和(4.4)式可以求得制造商的最优产品批发价、产品零售价、延保服务零售价,零售商的最优产品零售价以及制造商和零售商的最大利润。

定理4.2 在模式 M 中,制造商最优产品批发价、产品零售价和延保服务零售价分别为 $w^{M^*} = \dfrac{2I+a[8\theta-k^3+k^2(7-2s)-8k(1+\theta-\theta s)]}{2(2k-k^2)(8\theta-4k+k^2)}$、

$p_m^{M^*} = \dfrac{2I}{2(2k-k^2)(8\theta-4k+k^2)} + \dfrac{a[8\theta-2k^3s+3k^2(1+2s)-8k(1+\theta s)]}{2(2k-k^2)(8\theta-4k+k^2)}$、

$p_e^{M^*} = \dfrac{c_m(4\theta-4k+k^2)+a(2-ks)}{8\theta-4k+k^2}$,零售商最优产品零售价 $p_r^{M^*} = \dfrac{(2-k)I+a[8\theta-2k^3(1-s)-8k(1+\theta-2\theta s)+k^2(9-6s-4\theta s)]}{2(2k-k^2)(8\theta-4k+k^2)}$。制造商最大

利润 $\pi_m^{M^*} = \dfrac{2I(2\theta c_m-2a+ak)+a^2\{8\theta-8k\theta s(2-s)-k^2[1-4s-4(\theta-1)s^2]\}}{4(2k-k^2)(8\theta-4k+k^2)}$,

零售商最大利润 $\pi_r^{M^*} = \left[\dfrac{a(k-2ks+4\theta s)-2c_mk\theta}{2(8\theta-4k+k^2)}\right]^2$。其中,$I=2c_mk\theta(2-k)$。

三、R 模式下制造商和零售商的最优决策

在 R 模式中,零售商提供并销售延保服务,制造商和零售商进行 Stackelberg 博弈,制造商作为领导者先决定产品批发价 w、产品零售价 p_m,零售商根据产品批发价 w 决定产品零售价 p_r 和延保服务零售价 p_e。

制造商的最优化问题如下:

$$\max_{w,p_m} \pi_m^M = w(sa - p_r + bp_m) + p_m[(1-s)a - p_m + bp_r] \quad (4.5)$$

(4.5)式中的第一项为制造商产品批发利润,第二项为制造商产品销售利润。

零售商的最优化问题如下:

$$\max_{p_r,p_e} \pi_r^M = (p_r - w)(sa - p_r + bp_m) + (p_e - c_r)$$
$$[a - (1-b)(p_m + p_r) - \theta p_e] \quad (4.6)$$

(4.6)式中的第一项为零售商产品销售利润,第二项为零售商延保服务销售利润。

根据(4.5)式和(4.6)式可以求得制造商的最优产品批发价、产品零售价,零售商的最优产品零售价、延保服务零售价以及制造商和零售商的最大利润。

定理 4.3 在 R 模式中,制造商的最优产品批发价和产品零售价分别为

$$w^{R*} = \frac{J(k+k^2-8\theta) + a\{16\theta^2 - 4k\theta(1-s)(4\theta-k) - k^5s - 2k^3(1+3\theta s) + k^4[1+2s(\theta+1)]\}}{(2k-k^2)(32\theta^2 - 8k^2\theta - 2k^3 + k^4)}$$

和 $p_m^{R*} =$

$$\frac{Jk + a[16\theta^2(1-ks) - k^5s - 4\theta k^2(1+s) + k^4(1+2s) - 2k^3(1-3s\theta)]}{(2k-k^2)(32\theta^2 - 8k^2\theta - 2k^3 + k^4)},$$

零售商的最优产品零售价 $p_r^{R*} =$

$$\frac{a[16\theta^2(1-k+2ks) + 2k^3(3\theta - \theta s - 1) - k^5(1-s) + k^4(3-2s) - 4\theta k^2(2+s+2\theta s)]}{(2k-k^2)(32\theta^2 - 8k^2\theta - 2k^3 + k^4)} +$$

$$\frac{J(4\theta + k - k^2)}{(2k-k^2)(32\theta^2 - 8k^2\theta - 2k^3 + k^4)},$$

最优延保服务零售价 $p_e^{R*} =$

$$\frac{c_r(16\theta^2 - 2k^3 + k^4 - 6\theta k^2)}{32\theta^2 - 8k^2\theta - 2k^3 + k^4} + \frac{a[3\theta - 4ks\theta - k^2(1-2s)]}{32\theta^2 - 8k^2\theta - 2k^3 + k^4}。$$

制造商最大利润 $\pi_m^{R*} =$

$$\frac{J(k\theta c_r - 4a\theta s - ak + ask^2)}{(2k-k^2)(32\theta^2 - 8k^2\theta - 2k^3 + k^4)} + \frac{2a^2\theta[4\theta - 4\theta ks(2-s) + k^3s(1-2s) + k^2(2s+2\theta s^2 - 1)]}{(2k-k^2)(32\theta^2 - 8k^2\theta - 2k^3 + k^4)},$$

零售商最大利润 $\pi_r^{R*} =$

$$\frac{\theta[2a(k-k^2s + 4\theta s) - 4ck\theta][2c_rk\theta(6\theta - k^2) + 2a\theta(4\theta s + sk^2 - 3k) + ak^3(1-2s)]}{(32\theta^2 - 8k^2\theta - 2k^3 + k^4)^2} +$$

$$\frac{\theta\{2c_r\theta(k^2 - 8\theta) + a[8\theta - 4ks\theta - k^2(1-2s)]\}^2}{(32\theta^2 - 8k^2\theta - 2k^3 + k^4)^2}。$$

其中,$J = \theta c_r k^2(2-k)$。

第四节　模型对比分析

本节依据上一节得到的均衡结果,对三种模式下制造商和零售商的最优决策和最大利润进行对比分析。

一、最优决策对比分析

先研究不同模式下最优定价随产品市场分割比例 s 的变化性质。

命题 4.1　在 B 模式、M 模式和 R 模式中,制造商最优产品批发价 w^* 都是 s 的增函数,制造商最优产品零售价 p_m^* 都是 s 的减函数,零售商最优产品零售价 p_r^* 都是 s 的增函数;在 M 模式和 R 模式中,最优延保服务零售价 p_e^* 都是 s 的减函数。

比较制造商提供延保服务的 M 模式和不提供延保服务的 B 模式下制造商的产品批发价,可得命题 4.2。

命题 4.2　当制造商提供延保服务时,制造商会降低产品批发价。

命题 4.2 说明制造商提供延保服务会降低产品批发价,从而零售商"搭便车"获益。这是因为当制造商提供延保服务时,延保服务具有较高的利润,制造商希望增加延保服务需求,而延保服务需求的基础是两个渠道的总产品需求,所以制造商会降低产品批发价,希望以此刺激零售商降低产品零售价以扩大产品需求,从而进一步扩大对制造商的延保服务需求。

比较供应链提供延保服务的 M 模式和 R 模式与不提供延保服务的 B 模式下制造商的产品零售价 p_m^{M*}、p_m^{R*}、p_m^{B*},可得命题 4.3。

命题 4.3　无论是制造商提供延保服务还是零售商提供延保服务,制造商的产品零售价均会降低,即 $p_m^{B*} \geqslant p_m^{M*}$、$p_m^{B*} \geqslant p_m^{R*}$。

命题 4.3 表明,无论是制造商还是零售商提供延保服务,制造商的产品零售价均会降低。当制造商提供延保服务时,制造商希望获得更多延保服务需求。延保服务需求来自两个渠道:一是购买制造商直销渠道产品的消费者,二是购买零售商渠道产品的消费者。所以制造商会降低直销渠道的产品零售价,以期扩大直销渠道的产品需求。由命题4.3可知,制造商同时降低产品批发价,可能导致零售商降低产品零售价,使得对制造商延保服务的基本需求增加。而当零售商提供延保服务时,制造商预期零售商会因为延保服务的存在而降低产品零售价,由于制造商和零售商的产品渠道的竞争性,因此制造商直销渠道的产品零售价也会相应降低。

比较供应链提供延保服务的 M 模式和 R 模式与不提供延保服务的 B 模式下零售商的产品零售价 p_r^{M*}、p_r^{R*}、p_r^{B*},可得命题4.4。

命题 4.4 无论是制造商提供延保服务还是零售商提供延保服务,零售商的产品零售价均会降低,即 $p_r^{B*} \geqslant p_r^{M*}$、$p_r^{B*} > p_r^{R*}$。

命题4.4表明,当供应链提供延保服务时,零售商的产品零售价会降低。由命题4.2可知,当制造商提供延保服务时,制造商会降低产品批发价,因此,零售商会相应地降低产品零售价,从而扩大产品需求,为制造商带来更多延保服务需求,达到双赢的目的。而当零售商自己提供延保服务时,零售商的利润来源于产品利润和延保服务利润两个部分。这时,零售商降低产品零售价的原因有两个:一是零售商自己提供延保服务,因为延保服务和产品有互补效应,所以零售商有足够的动力降低产品零售价以期赢得更多产品需求和延保服务需求;二是由命题4.3可知,当零售商提供延保服务时,制造商直销渠道的产品零售价降低,由于制造商直销渠道和零售渠道下产品的竞争性,因此可能导致零售商降低产品零售价。

比较供应链 M 模式、R 模式和 B 模式下的产品需求,可得命题4.5。

命题 4.5 (1)当供应链提供延保服务时,供应链产品需求增加,即 $D^{M*} \geqslant D^{B*}$、$D^{R*} \geqslant D^{B*}$。

(2)在 $c_r = c_m$ 的情况下,当 $\Delta \geqslant 0$ 时,$D^{M*} \geqslant D^{R*}$;当 $\Delta < 0$ 时,$D^{M*} < D^{R*}$。其中,$\Delta = 2c\theta(16k\theta + 8k^2 - 3k^3 - 32\theta) + a[3k^3 - sk^4 + 32\theta - 16k(\theta + 2s\theta) + 4k^2(2s - 2 + 3\theta s)]$。

命题4.5表明,供应链提供延保服务对消费者提供了增值服务,满足了消费者对售后服务的需求,增加了产品的差异化竞争优势,使供应链的产品需求增加,提高了供应链的绩效水平。这与命题 3.4 的结论一致,说明无论供应链产品是走单渠道还是双渠道,供应链提供延保服务总能使供应链产品需求增加,提高供应链的绩效。第三章中的研究表明,当 $c_r = c_m$ 时,由零售商提供延保服务可以赢得更大的产品市场。而本章的研究结果表明,当制造商产品双渠道销售时,这一结论将有所改变,零售商提供延保服务未必比制造商提供延保服务更能增加产品需求。这是因为当制造商在网络渠道直接销售产品时,制造商也直接面对终端消费市场,拥有与消费者直接沟通的渠道,具有产品定价权这一关键市场因素,可以有效减少零售商销售产品时的边际效应。所以,当产品双渠道销售时,在一定的条件下,制造商提供延保服务可以获得更多产品市场需求。

二、最大利润对比分析

比较供应链 M 模式、R 模式和 B 模式下的制造商利润,可得定理 4.4。

定理 4.4 (1)制造商提供延保服务比不提供延保服务利润更大,即 $\pi_m^{M^*} \geqslant \pi_m^{B^*}$。

(2)设 $c_r = c_m = c$,当 $\rho \geqslant 0$ 时,$\pi_m^{M^*} \geqslant \pi_m^{R^*}$;当 $\rho < 0$ 时,$\pi_m^{M^*} < \pi_m^{R^*}$。其中,$\rho = 4c^2\theta^2 k^4 + 4ac\theta[4k^2\theta(6-4s-3ks) - 64\theta^2(1-ks) + k^4(2s-1)] + 32c^2\theta^3(8\theta - 3k^2) + a^2\{64\theta^2(1-2ks) + 24\theta sk^3(1-s) + k^4[1-4s-4s^2(\theta-1)] + 8k^2\theta(4s+6\theta s^2 - 3)\}$。

定理 4.4 表明,制造商提供延保服务能增加利润,对耐用产品,由于其生命周期较长而质保期有限,超过质保期后的延保服务延长了制造商的产业链和价值链,且产品制造是以成本为中心,而延保服务是以利润为中心,因此提供延保服务能使制造商利润增加。当 $c_r = c_m$ 时,对制造商来说,是自己提供延保服务还是零售商提供延保服务都不是占优策略,哪一方提供延保服务更有利取决于制造商和零售商的潜在市场分割比例、消费者对延保服务价格的敏感性,以及消费者对竞争产品价格的敏感性等相关参数。由于对 R 模式和 B 模式下制造商利润的大小难以做出明确的数理证明,因此后续将用数值算例进一步研究。

比较延保服务渠道 M 模式、R 模式和 B 模式下的零售商利润,可得定理 4.5。

定理 4.5 无论是制造商还是零售商提供延保服务,零售商的利润均增加,即 $\pi_r^{M^*} \geqslant \pi_r^{B^*}$、$\pi_r^{R^*} \geqslant \pi_r^{B^*}$。

定理 4.5 说明,当制造商提供延保服务时,零售商利润增加,零售商可以在制造商提供延保服务时"搭便车"获利,这一结论与第三章中产品单渠道时的结论一致。定理 4.5 也表明,零售商提供延保服务也可以增加自己的利润。而在第三章假设的产品单渠道情况下,我们通过算例研究发现,零售商自己提供延保服务会增加利润,这说明本书的结论具有稳健性。由此可得:无论产品是单渠道销售还是双渠道销售,制造商或零售商提供延保服务都可以增加零售商的利润。

由于制造商提供延保服务的 M 模式和零售商提供延保服务的 R 模式下的零售商利润表达式过于复杂,难以用严格的数理推导证明其大小,因此后续将用数值算例进一步对这两种模式下零售商的利润差进行数值模拟分析。

第五节　算例分析

因为双渠道供应链制造商和零售商的渠道竞争是影响制造商和零售商利润的重要参数,所以这里研究产品市场基本需求分割比例 s 对制造商和零售商利润的影响。基本参数取值如下:产品市场基本需求 $a=800$,消费者对竞争产品价格的敏感系数 $b=0.2$,消费者对延保服务价格的敏感系数 $\theta=2$,制造商和零售商的延保服务成本系数 $c_r=c_m=5$。

一、不同模式下供应链产品需求和延保服务需求的对比分析

产品市场基本需求分割比例 s 对不同模式下供应链产品需求和延保

服务需求的影响研究如图 4.2 和图 4.3 所示。

图 4.2　s 对供应链产品需求的影响

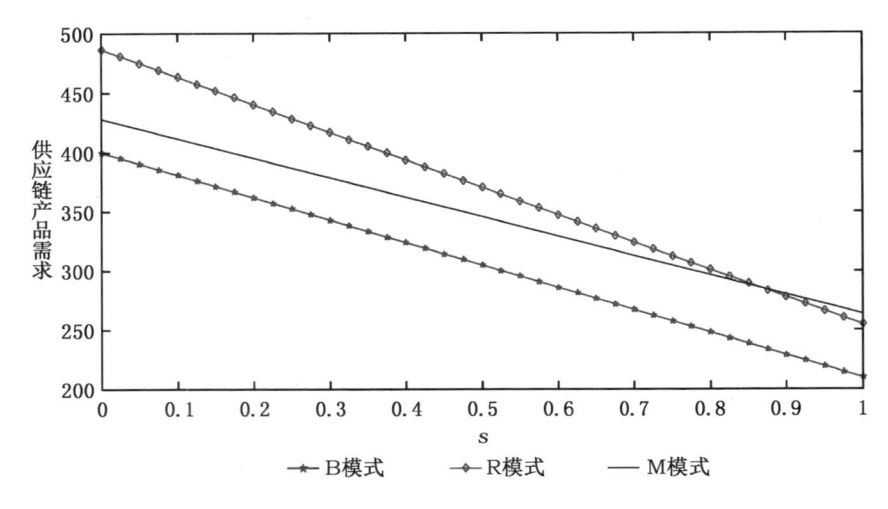

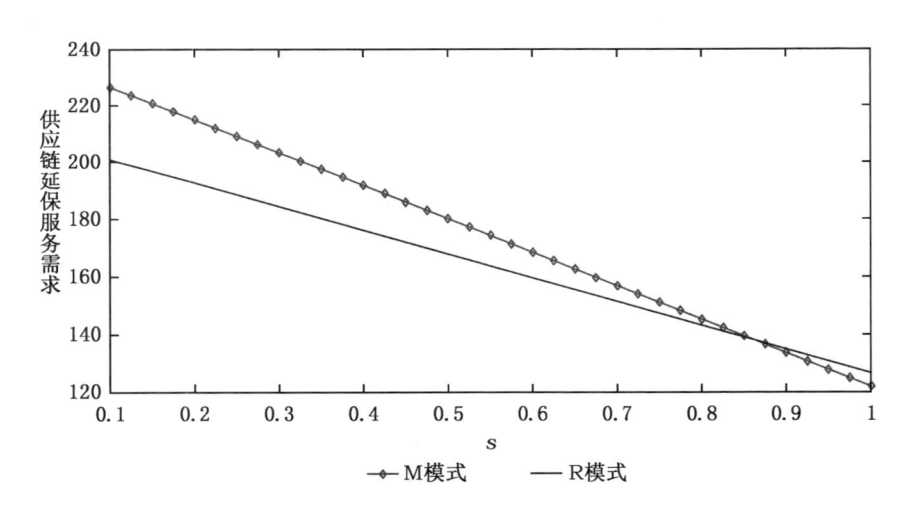

图 4.3　s 对供应链延保服务需求的影响

从图 4.2 可见，制造商和零售商提供延保服务均可以提高供应链产品需求，这说明供应链提供延保服务可以提高绩效。当 s 较大、s＞0.85 时，由零售商提供延保服务的供应链产品的需求更大，s 越大说明零售商的产品渠道越有吸引力,此时由零售商提供延保服务更有利;当 $s \leqslant 0.85$ 时,由制造商提供延保服务可以获得更多产品需求。在双渠道延保服务供应链中,制造商在直销渠道销售产品一方面降低了供应链的双重边际效应,另一方面由于制造商对产品质量和性能更了解,能为消费者提供更好的延保服务,因此能吸引更多消费者。所以,当制造商产品直销渠道与零售商相比没有明显劣势时,由制造商提供延保服务对供应链更有利。

从图 4.3 可见,在大多数情形下,由制造商提供延保服务可以获得更大的延保服务需求。当 s 较大、$s > 0.85$ 时,由零售商提供延保服务可以获得更大的延保服务需求。由于延保服务需求来源于产品需求,当 s 较大时,由零售商提供延保服务,产品需求较大,因此此时延保服务需求也较大。

二、不同模式下的利润对比分析

以下研究产品市场基本需求分割比例 s 对不同模式下制造商利润的影响,如图 4.4 所示。

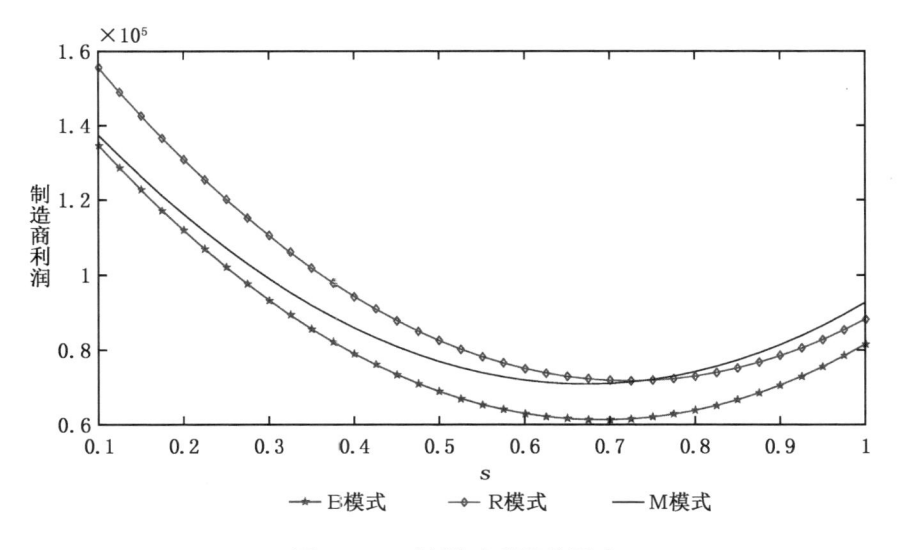

图 4.4　s 对制造商利润的影响

由图 4.4 可见，制造商和零售商提供延保服务均可以增加制造商的利润。当 s 较大、s>0.74 时，零售商提供延保服务，制造商的利润较大，此时由零售商提供延保服务对制造商更有利。s 较大说明零售渠道产品的市场需求较大，这时零售商提供延保服务可以赢得更大的产品市场和延保服务市场。另外，由前文可知，s 较大时制造商产品的批发价较高，零售商产品的零售价较高，这都对制造商产品的销售利润有利。当 s≤0.74 时，制造商自己提供延保服务的利润较大。一方面，s 较小说明制造商直销渠道产品的市场需求较大，制造商提供延保服务可以获得更大的产品市场和延保市场。另一方面，由前文可知，当 s 较小时，制造商产品的零售价较高，制造商产品的销售利润较大。

以下研究产品市场基本需求分割比例 s 对不同模式下零售商利润和供应链系统利润的影响，如图 4.5 和图 4.6 所示。

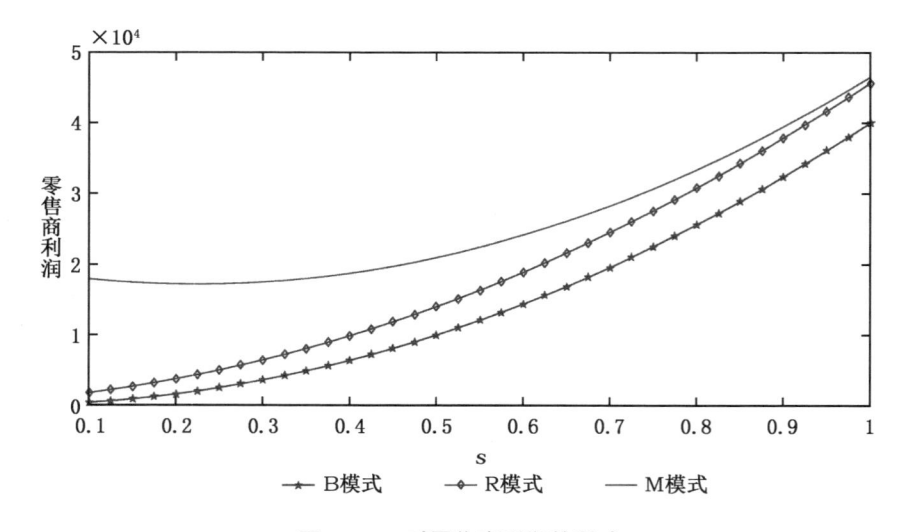

图 4.5　s 对零售商利润的影响

从图 4.5 可见，制造商和零售商提供延保服务都可以增加零售商的利润；零售商自己提供延保服务，其利润更大。在产品双渠道供应链中，制造商引入直销渠道后，由于零售商和制造商销售相同的产品，零售商和制造商存在渠道冲突,零售商必然有部分产品需求转移到制造商渠道,因此零售商产品的销售利润会下降。由于延保服务具有较高的边际利润,因此零售商自己提供延保服务能更好地利用产品和延保服务的定价策略来提高绩效,例如,零售商可以采取较高的产品定价和较低的延保服务定价或者较低的产品定价和较高的延保服务定价来促进产品和延保服务的销售。在双渠道供应链中,零售商的商业模式也在发生改变,由仅仅提供产品的商业模式转变为产品和延保服务并重的商业模式,这也为零售商带来了新的利润空间。

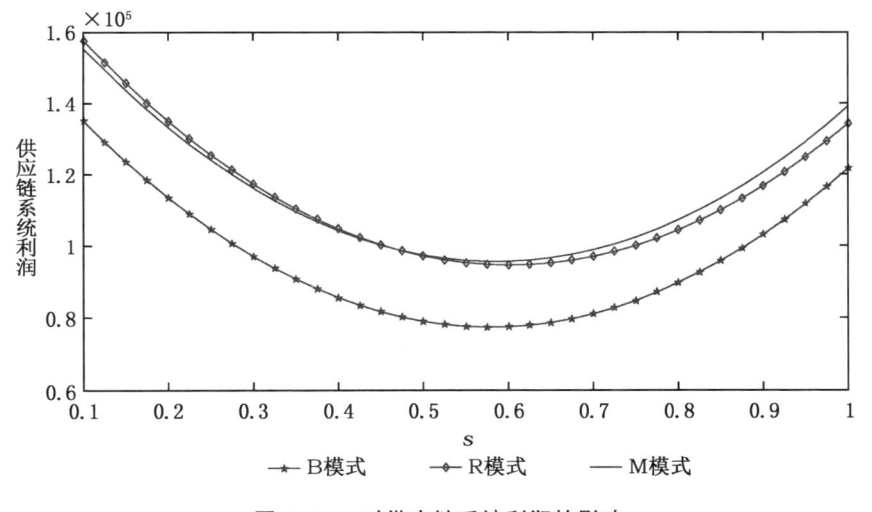

图 4.6　s 对供应链系统利润的影响

从图 4.6 可见,制造商和零售商提供延保服务均可以显著提高供应链系统的绩效。当 s 较小、$s \leqslant 0.45$ 时,由制造商提供延保服务,供应链系统的利润较大。当 s 较小时,说明制造商直销渠道的产品需求较大,而制造商在供应链中居于领导者地位,当制造商提供延保服务时,制造商掌握产品批发价、直销渠道产品零售价和延保服务零售价等关键市场因素,所以制造商可以更好地对供应链的产品和延保服务价格进行调控,以加强产品和延保服务的互补效应,为供应链创造更大利润。而当 s 较大、$s >$

0.45时,由零售商提供延保服务,供应链系统的利润较大。这是因为此时零售商产品的市场需求较大,零售商可以通过其产品和延保服务的定价权促进产品和延保服务的销售。

第六节　本章小结

本章在上一章产品单渠道的基础上,研究产品双渠道时延保服务供应链在不同的延保渠道模式下的均衡决策以及决策主体的最大利润,并且将本章的结论与上一章的结论进行了对比。本章首先构建了由一个制造商和一个零售商组成的两级延保服务供应链系统,制造商产品通过双渠道销售,按延保服务的提供方式,建立无延保服务的基准模式 B、制造商提供延保服务的模式 M 和零售商提供延保服务的模式 R,利用 Stackelberg 博弈方法对三种模型进行了求解,得到不同模式下制造商和零售商的均衡决策以及制造商和零售商的最大利润。接着对三种模式下的均衡决策进行对比分析。最后用数值算例对本章的结论做了验证和拓展。

本章主要的研究结论和管理启示如下:

(1)制造商提供延保服务会降低产品批发价,零售商将获益。当制造商提供延保服务时,站在自身利润最大化的角度,会降低产品批发价以期零售商也降低产品零售价从而刺激更多产品需求,此时,零售商享受制造商较低的产品批发价,所以制造商提供延保服务对零售商有利。

(2)无论是制造商还是零售商提供延保服务,制造商和零售商均会降低各自渠道的产品零售价。这是因为延保服务属于一种无形的服务,依附于产品,其和产品具有互补效应,当制造商或零售商提供延保服务时会降低产品零售价,由于产品双渠道销售,制造商和零售商进行产品渠道竞争,因此一方降低产品价格往往会导致另一方降价。

(3)制造商或零售商提供延保服务均能增加供应链的产品需求,所以供应链提供延保服务能提高供应链系统的绩效。在制造商和零售商的延保服务成本相同的情况下,当零售商渠道更有吸引力时,由零售商提供延保服务,供应链产品需求更大,延保服务需求也更大;当制造商渠道更有吸引力时,由制造商提供延保服务,供应链产品需求更大,延保服务需求也更大。

(4)制造商和零售商提供延保服务都能使自己的利润增加,且零售商和制造商都可以从对方提供延保服务中"搭便车"获利。对制造商来说,当制造商产品直销渠道更有吸引力时,自己提供延保服务更有利,否则,由零售商提供延保服务更有利。对零售商来说,算例研究的结果表明,无论零售商渠道的吸引力如何,都由自己提供延保服务更有利。

综上,本章通过计算分析提出了产品双渠道下,由制造商或者零售商提供延保服务时,制造商和零售商的最优延保服务渠道策略,具有一定的理论价值和实践价值。但是在现实生活中,对同一款产品,还存在制造商和零售商同时提供延保服务的情形。当制造商和零售商同时提供延保服务时,延保服务的竞争关系不仅会影响产品的定价,而且会影响制造商和零售商的延保服务定价及渠道决策,因此,考虑延保服务竞争情况下供应链制造商和零售商的延保服务销售策略是一个值得研究的问题,本书将在下一章讨论相关问题。

第五章 产品单渠道且延保服务竞争的供应链延保服务销售策略研究

本书主要基于不同的产品渠道结构研究单主体(制造商或零售商)以及双主体(制造商和零售商)提供延保服务时的供应链延保服务渠道策略。前两章主要研究了由单主体(制造商或零售商)提供延保服务时的供应链延保服务渠道策略。实际上,目前越来越多的零售商也销售延保服务,零售商的延保服务销售策略有两种:自营延保服务和分销制造商的延保服务。当制造商和零售商同时提供延保服务时,延保服务的竞争会对制造商和零售商的产品及延保服务决策产生重要影响,因此,本章在产品单渠道情况下,研究供应链延保服务竞争时,制造商和零售商的延保服务销售策略。考虑由制造商和零售商组成的供应链,制造商产品通过零售渠道销售,延保服务可以单渠道(直销渠道)销售,也可以双渠道(直销渠道和分销渠道)销售。首先,构建两种不同延保服务销售策略下制造商和零售商的决策模型;接着,提出两种模型下的均衡解及制造商和零售商的最大利润;最后,通过算例进一步研究消费者对延保服务价格的敏感度以及制造商和零售商的延保服务成本对制造商和零售商最优决策及利润的影响。

第一节 研究背景

随着现代经济水平的提高,汽车、家电、电脑等耐用产品大量普及,产品在免费质保期结束后如果发生故障,消费者要为之付出一笔不菲的费用。于是,与之相关的产品延保服务迅速崛起。延保服务是消费者在制造商的免费保修期结束后，获取延长保修期的付费增值服务。延保服务对质保服务在内容和时间进行了拓展，提高了消费者的满意度和品牌忠诚度。它一经推出就受到消费者的广泛关注，并且作为产业链上延伸出来的新兴业务，具有较高的利润，从而成为企业竞相追逐的新盈利模式。早期的延保服务大多是由品牌制造商如海尔和苹果等提供。近年来，线上与线下零售商之间的渠道竞争、价格竞争越来越激烈，越来越多的零售商开始寻求新的商业模式变革，于是，在销售产品的同时销售延保服务逐渐成为大多数零售商的战略选择。目前，零售商提供延保服务有两种策略：一是分销延保服务（锴售制造商的延保服务），如京东分销苹果的官方延保服务；二是自营延保服务（独立销售延保服务），如淘宝、国美、百思买等大型零售商独立销售延保服务（张永芬和李佩，2018）。

一般而言，延保服务和产品同时销售，延保服务需求与产品需求密切相关。零售商同时销售产品和延保服务，必然对供应链中企业的产品和延保服务定价等决策产生重要影响。目前，国内外学者研究的延保服务渠道模式大多是单主体（制造商或者零售商）提供延保服务。如 Desai 和 Padmanabhan（2004）基于消费者的风险偏好和效用引出需求函数，得出双边际效应和产品互补效应会影响供应链延保渠道设计。Heese（2012）构建了两个竞争性制造商共用一个零售商销售产品的模型，研究了零售商延保服务对竞争制造商质保服务的影响。易余胤等（2017）考虑公平偏好对供应链延保服务决策和协调的影响，构建了制造商具有公平偏好而由一个强零售商提供延保服务的供应链模型。李杰和柳键（2013）对延保服务的四种不同的渠道模式建模，并引入了延保服务需求敏感指数进行分析。Bian 等（2015）研究了一个制造商和两个竞争零售商组成的供应链，制造商提供质保服务，零售商提供延保服务，研究了质保服务、延保服务和产品捆绑定价的问题。马建华等（2015）构建了由两个制造商和两个排他性零售商组成的链与链价格竞争模型，揭示了不同延保期和竞争状态下竞争性供应链纵向渠道结构选择博弈的 Nash 均衡。易余胤和姚俊江（2016）构建了一个由单制造商和双零售商组成的供应链模型，研究网络外部性对供应链节点企业决策及系统收益的影响。

现有文献中对制造商和零售商同时提供延保服务的研究相对较少。寇军(2016)针对制造商和零售商同时提供延保服务,研究了分散决策和集中决策下制造商和零售商的最优延保服务水平,提出一种使供应链实现协调的服务成本分担契约。郑斌等(2018)比较了单主体(制造商或零售商)和双主体同时提供延保服务(偏向制造商或零售商提供延保服务),不同延保服务渠道模式下最优延保服务定价、产品定价及延保服务与质保服务的交互决策。

综上,对制造商和零售商同时提供延保服务的供应链,从延保服务竞争的视角来研究制造商的延保服务双渠道销售策略和零售商的延保服务销售选择策略还未涉及。基于此,本章考虑由一个制造商和一个零售商组成的供应链,制造商提供产品和产品延保服务,产品通过零售渠道销售,产品延保服务可以通过直销渠道或者直销和零售分销双渠道销售,那么,对制造商来说,延保服务在什么情况下该采取双渠道销售呢?对下游的零售商来说,提供延保服务有两种不同的策略:一是自营延保服务,即零售商独立销售延保服务;二是分销制造商的延保服务。那么,对零售商来说,是该自营延保服务还是分销制造商的延保服务?这些都是值得研究的重要问题。

第二节　问题描述与模型

一、问题描述

研究由一个制造商和一个零售商组成的供应链,制造商提供产品和产品延保服务,产品通过零售渠道销售。制造商和零售商同时提供延保服务,供应链延保服务的销售有两种策略:一是制造商只在直销渠道销售延保服务,零售商自营延保服务,即零售商独立销售自己的延保服务(MR模式);二是制造商双渠道销售延保服务,即制造商在直销渠道销售延服务,并在分销渠道将延保服务批发给零售商,零售商分销制造商延保服务(MM模式)。那么,制造商何时该双渠道销售延保服务? 零售商是自营延保服务还是分销制造商延保服务? 本章通过求解两种销售渠道模式下的最优产品批发价、产品零售价和延保服务零售价,给出制造商和零售商的最大利润以及延保服务销售策略。图 5.1 描述了两种不同的供应链延保服务销售模式。图中实线表示产品,虚线表示延保服务。

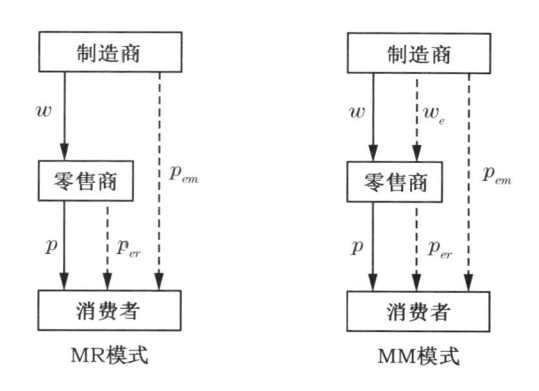

图 5.1 供应链延保服务销售模式

二、模型

(一)符号说明

本章中涉及的数学符号及相关说明如表 5.1 所示。

表 5.1　　　　　　　　　　　　符号说明

数学符号	相关说明
决策变量	
w	制造商产品批发价
p	零售商产品零售价
w_e	制造商延保服务批发价
p_{em}	制造商延保服务零售价
p_{er}	零售商延保服务零售价

续表

数学符号	相关说明
模型参数	
a	产品总潜在需求
s_i	延保服务市场潜在需求分割比例，$i=m$ 和 $i=r$ 分别表示制造商和零售商
θ	消费者对延保服务价格的敏感系数
σ	消费者对竞争延保服务价格的敏感系数
c_i	单位延保服务成本，$i=m$ 和 $i=r$ 分别表示制造商和零售商
t	延保服务的时间
D	产品需求
d_i	延保服务需求，$i=m$ 和 $i=r$ 分别表示制造商和零售商
π_m^j	制造商利润，$j=MM$ 和 $j=MR$ 分别表示 MM 模式和 MR 模式
π_r^j	零售商利润，$j=MM$ 和 $j=MR$ 分别表示 MM 模式和 MR 模式

(二)模型说明

制造商提供产品和产品延保服务，产品通过零售渠道销售，产品延保服务可以选择单一直销渠道销售或者直销和分销双渠道销售。设制造商的单位产品批发价为 w，不失一般性，将制造商的单位产品生产成本标准化为 0。零售商的产品零售价为 p。设制造商的分销渠道延保服务批发价为 w_e，制造商和零售商的延保服务零售价分别为 p_{em} 和 p_{er}，其中，下标 e 表示延保服务，m 和 r 分别表示制造商和零售商。

对产品需求采取线性需求函数。假设产品需求函数 $D=a-p$，a 表示产品的总潜在需求。产品需求是产品价格的减函数，即价格越高，产品需求越低；价格越低，产品需求越高。

对延保服务需求，部分学者采用线性需求函数（Li 等，2012；易余胤等，2017），故本章也采取线性需求函数。当制造商和零售商同时提供延保服务时，制造商和零售商的延保服务需求与产品需求、自身的延保服务价格及竞争对手的延保服务价格有关。假设制造商和零售商的延保服务

需求 $d_i = s_i(a-p) - \theta p_{ei} + \sigma p_{ej}$，其中，$i,j = m,r(i \neq j)$ 表示制造商和零售商，$\theta, \sigma, s_i > 0$ 为常数。参数 s_i 表示制造商和零售商的延保服务市场基本需求分割比例，代表制造商和零售商延保服务渠道的市场占有率，满足 $s_m + s_r = 1$。参数 θ 表示消费者对延保服务价格的敏感系数。因为相比产品价格，消费者对延保服务价格更敏感（王素娟和胡奇英，2010），所以假设 $\theta > 1$。参数 σ 表示消费者对竞争延保服务价格的敏感系数，假设消费者对自身延保服务价格的变化比对竞争对手延保服务价格的变化更敏感，即 $\theta > \sigma$。

消费者购买延保服务后，当产品出现故障时，就会要求延保服务的提供者（制造商或零售商）提供维修服务，这时制造商或零售商就会付出相应的延保服务成本。假设产品的延保服务成本与延保期以及延保的成本效率有关，根据 Li 等（2012）的延保成本的形式，设制造商和零售商的单位产品延保服务成本为 $c_i t^2$，其中，t 表示延保服务时间，$i=m$ 和 $i=r$ 分别表示制造商和零售商，耐用品的延保服务时间一般根据行业标准统一，不失一般性，设 $t=1$，则制造商和零售商的延保服务成本分别为 c_m 和 c_r。

由于本章研究的是耐用品行业，这类行业的一个典型特征就是制造商在供应链中拥有先动优势，因此与上两章类似，本章假设供应链博弈顺序遵循制造商为领导者的 Stackelberg 博弈。

第三节　两种延保服务模式下制造商和零售商的最优决策

一、MR 模式下制造商和零售商的最优决策

在 MR 模式中，制造商将产品批发给零售商，并在直销渠道销售自己的延保服务，零售商在销售产品的同时独立销售自己的延保服务。消费者在零售商处购买产品后，可以选择购买制造商或零售商的延保服务，由于在此种情形下，制造商和零售商提供不同的延保服务，因此制造商和零售商的竞争为不同延保服务的竞争和渠道竞争。制造商和零售商进行

Stackelberg 博弈。制造商作为领导者先宣布产品批发价 w、延保服务批发价 w_e 以及延保服务零售价 p_{em},零售商看到制造商的产品批发价和延保服务批发价后决定是自营延保服务还是分销制造商的延保服务。当零售商决定自营延保服务后,零售商决定产品的零售价 p 和延保服务零售价 p_{er}。

制造商的最优化问题如下:

$$\max_{w,p_{em}} \pi_m^{MR} = w(a-p) + (p_{em}-c_m)[s_m(a-p) - \theta p_{em} + \sigma p_{er}] \quad (5.1)$$

(5.1)式中的第一项为制造商产品销售利润,第二项为制造商延保服务销售利润。

零售商的最优化问题为如下:

$$\max_{p,p_{er}} \pi_r^{MR} = (p-w)(a-p) + (p_{er}-c_r)[s_r(a-p) - \theta p_{er} + \sigma p_{em}]$$

$$(5.2)$$

(5.2)式中的第一项为零售商产品销售利润,第二项为零售商延保服务销售利润。

根据(5.1)式和(5.2)式,可以求得制造商最优产品批发价和延保服务零售价、零售商最优产品零售价和延保服务零售价,以及制造商和零售商的最大利润。

定理 5.1 在 MR 模式中,制造商最优产品批发价 $w^{MR^*} = \frac{1}{4}(2a + c_m s_m - c_r s_r) + \frac{1}{4}\left[\frac{c_m s_m \sigma}{\theta} - \frac{(\theta s_m^2 + s_m s_r \sigma)(2a - c_m s_m - 2c_r s_r) + 4s_m \sigma \theta c_r}{\delta}\right]$,最优延保服务零售价 $p_{em}^{MR^*} = \frac{\theta[8\theta c_m + 2as_m - s_m s_r c_r - 2c_m(s_m^2 + s_r^2)] + \sigma[4\theta c_r + s_r(2a - 3s_m c_m - 2c_r s_r)] - 4c_m \sigma^2}{2\delta}$,零售商最优产品零售价 $p^{MR^*} = \frac{2\theta\{\theta(s_m c_m + s_r c_r) + a[6\theta - 1 + (2 - 3s_r)s_r]\}}{2\delta} - \frac{s_m \sigma(\theta c_r + 4as_r) + \sigma^2(6a + s_m c_m + 2s_r c_r)}{2\delta}$,最优延保服务零售价 $p_{er}^{MR^*} = \frac{\theta^2 c_r}{4\delta} -$

$$\frac{\sigma\{c_m-s_ms_r[a+2(c_m-c_r)+2c_r\sigma]\}+\theta^2[c_r-s_r(2a+2c_r-c_m)+(4c_r-c_m)s_r^2-4c_m\sigma]}{2\theta\delta}-$$

$\frac{c_m\sigma^2(s_ms_r+2\theta)}{2\theta\delta}$。制造商最大利润 $\pi_m^{MR*}=\frac{\theta^3\Delta_1+\theta\sigma^2\Delta_2+c_m\sigma^3(4\theta c_r+c_ms_ms_r)}{4\theta\delta}+$

$\frac{\theta^2\sigma\{2c_r(as_m+c_ms_r)+s_ms_r[(c_m+c_r)^2+c_m^2]\}-8\theta^3\sigma c_mc_r+2c_m^2\sigma^4}{4\theta\delta}$，零售商最大利

润 $\pi_r^{MR*}=\frac{(\theta^2\Delta_3-\theta\sigma\Delta_4-\sigma^2\Delta_5+2s_r\sigma^3c_m)[(2\theta^2-\sigma^2)(2a-c_ms_m-c_rs_r)+\sigma c_r(\theta s_m+\sigma s_r)]}{4\theta\delta^2}+$

$\frac{[\theta^2\Delta_6+\theta\sigma\Delta_7-8c_r\theta^3-\sigma^2c_m(s_ms_r+2\sigma)]^2}{4\theta\delta^2}$。

其中：

$\delta=8\theta^2-2\theta s_r^2-2\sigma s_ms_r-4\sigma^2-\theta s_m^2$

$\Delta_1=4a(a-s_mc_m-s_rc_r)+2(4\theta-s_r^2)c_m^2+s_rc_r(c_r+2s_mc_m)$

$\Delta_2=-2a^2+2\theta(c_r^2-4c_m^2)+s_r^2(c_m^2-2c_r^2)+2a(s_mc_m+2s_rc_r)$

$\Delta_3=4a\theta-2\theta c_m+s_r[2\theta(c_m+3c_r)-c_r]-s_r^2(2a-c_m-2c_r)-s_r^3(c_m+2c_r)$

$\Delta_4=\theta(4c_ms_r-s_mc_r)+s_r\{s_m[a+2s_r(c_m+c_r)]-c_m\}$

$\Delta_5=2a\theta-c_ms_ms_r^2+\theta(4s_rc_r-c_ms_m)$

$\Delta_6=s_r(2a-s_mc_m)+c_r(1-2s_ms_r)+4c_m\sigma$

$\Delta_7=s_m[a+2s_r(c_m+c_r)]-c_m+6\sigma c_r$

二、MM 模式下制造商和零售商的最优决策

在 MM 模式中，制造商将产品批发给零售商，并在直销渠道销售延保服务，零售商在销售产品的同时分销制造商的延保服务。消费者在零售商处购买产品后，可以选择在制造商或零售商处购买延保服务。该模式中，制造商和零售商销售相同的延保服务，所以制造商和零售商的竞争为延保服务价格竞争和渠道竞争。制造商和零售商进行 Stackelberg 博弈，制造商作为领导者先宣布产品批发价 w、延保服务批发价 w_e 和延保服务零售价 p_{em}，零售商看到制造商的产品批发价、延保服务批发价和延保服务零售价后决定分销制造商延保服务，并决定产品零售价 p 和延保

服务零售价 p_{er}。

制造商的最优化问题如下：

$$\max_{w,w_e,p_{em}} \pi_m^{MM} = w(a-p) + (w_e - c_m)[s_r(a-p) - \theta p_{er} + \sigma p_{em}]$$
$$+ (p_{em} - c_m)[s_m(a-p) - \theta p_{em} + \sigma p_{er}] \quad (5.3)$$

(5.3)式中的第一项为制造商产品批发利润，第二项为制造商延保服务批发利润，第三项为制造商直销渠道延保服务销售利润。

零售商的最优化问题如下：

$$\max_{p,p_{er}} \pi_r^{MM} = (p-w)(a-p) + (p_{er} - w_e)[s_r(a-p) - \theta p_{er} + \sigma p_{em}]$$
$$\quad (5.4)$$

(5.4)式中的第一项为零售商产品销售利润，第二项为零售商延保服务销售利润。

根据(5.3)式和(5.4)式可以求得制造商最优产品批发价和延保服务批发价、零售商最优产品零售价和最优延保服务零售价，以及制造商和零售商的最大利润。

定理 5.2 在 MM 模式中，制造商最优产品批发价 $w^{MM^*} = \dfrac{\Delta_8}{4\theta\varphi}$、最优延保服务批发价 $w_e^{MM^*} = \dfrac{\Delta_9}{2\varphi}$、最优延保服务零售价 $p_{em}^{MM^*} = \dfrac{1}{2}\left[c_m + \dfrac{\theta(2a-c_m)(\theta s_m + \sigma s_r)}{\varphi}\right]$，零售商最优产品零售价 $p^{MM^*} = \dfrac{\theta c_m(\theta^2 - \sigma^2) + a[6\theta^3 - \theta^2(s_m^2 + 2s_r^2) - 2\theta\sigma(3\sigma + s_m s_r) + \sigma^2 s_r^2]}{\varphi}$、最优延保服务零售价 $p_{er}^{MM^*} = \dfrac{1}{4}\left[\dfrac{(\sigma+\theta)c_m}{\theta} + \dfrac{2\theta(2a-c_m)(\theta s_r + \sigma s_m)}{\varphi}\right]$。制造商最大利润 $\pi_m^{MM^*} = \dfrac{(2a-c_m)(\theta^2 - \sigma^2)\Delta_8}{4\varphi^2} + \left(\dfrac{\Delta_9}{2\varphi} - c_m\right) \times \dfrac{s_r(\theta-\sigma)[2\theta(2-s_r)(\theta+\sigma)(2a-c_m) - c_m\varphi]}{4\varphi} + \dfrac{1}{2}\left[\dfrac{\theta(2a-c_m)(\theta s_m + \sigma s_r)}{\varphi} - c_m\right] \times \dfrac{(\theta-\sigma)[4as_m\theta^2(\theta+\sigma) - c_m\Delta_{10}]}{4\theta\varphi}$，零售商最大利润 $\pi_r^{MM^*} = \dfrac{(2a-c_m)(\theta^2-\sigma^2)(\theta-\sigma)[4a\theta(2\theta-s_r^2)(\theta+\sigma) + c_m\Delta_{11}]}{4\varphi^2} +$

$$\frac{(\sigma-\theta)\Delta_{12}}{4\theta\varphi}\times\frac{s_r(\theta-\sigma)[2\theta(2-s_r)(\theta+\sigma)(2a-c_m)-c_m\varphi]}{4\varphi}。$$

其中：

$\varphi=8\theta^3-\theta^2(s_m^2+2s_r^2)+\sigma^2s_r^2-2\theta\sigma(s_ms_r+4\sigma)$

$\Delta_8=c_m(\theta-\sigma)(\theta s_m+\sigma s_r)[8\theta^2+\theta s_r+8\theta\sigma-s_r^2(3\theta+\sigma)]+4a\theta^2[4\theta^2-\theta(s_m^2+s_r^2)-2\sigma(s_ms_r+2\sigma)]$

$\Delta_9=\theta^2c_m(8\theta-s_m^2-2s_r^2)-\theta\sigma s_m[(1+2s_r)c_m-2a]-\sigma^2(8\theta c_m-2as_r+s_ms_rc_m)$

$\Delta_{10}=2\theta^3(8\theta+s_r-3s_r^2)+\sigma\theta^2[1+8\theta-(4-s_r)s_r]-2\theta\sigma^2(8\theta+s_r-2s_r^2)-\sigma^3(8\theta-s_r^2)$

$\Delta_{11}=\theta^3(8s_r-4)+2\theta\sigma s_r(s_r^2-4\sigma)+s_r^3\sigma^2-\theta^2(s_r-4s_r^2+3s_r^3+4\sigma)$

$\Delta_{12}=8\theta^3c_m-\theta^2c_m-8\sigma^2\theta c_m-c_ms_r^2(\theta-\sigma)(3\theta+\sigma)-4\theta s_r^2[a(\theta+\sigma)-\theta c_m]$

第四节 模型对比分析

一、最优决策对比分析

研究 MR 模式和 MM 模式下制造商最优产品批发价、零售商最优产品零售价的性质，可得下列命题。

命题 5.1 MR 模式和 MM 模式下制造商最优产品批发价、零售商最优产品零售价都随产品潜在市场需求的增加而增加，随制造商延保服务成本的增加而增加。

二、最大利润对比分析

比较 MR 模式和 MM 模式下零售商的最大利润，分析零售商的延保服务销售策略，可得以下定理。

定理 5.3 当 $\dfrac{(2a-c_m)(\theta^2-\sigma^2)(\theta-\sigma)[4a\theta(2\theta-s_r^2)(\theta+\sigma)+c_m\Delta_{11}]}{4\varphi^2}+\dfrac{(\sigma-\theta)\Delta_{12}}{4\theta\varphi}\times$

$\dfrac{s_r(\theta-\sigma)[2\theta(2-s_r)(\theta+\sigma)(2a-c_m)-c_m\varphi]}{4\varphi} - \dfrac{[\theta^2\Delta_6+\theta\sigma\Delta_7-8c_r\theta^3-\sigma^2 c_m(s_m s_r+2\sigma)]^2}{4\theta\delta^2} -$

$\dfrac{[(2\theta^2-\sigma^2)(2a-c_m s_m-c_r s_r)+\sigma c_r(\theta s_m+\sigma s_r)](\theta^2\Delta_3-\theta\sigma\Delta_4-\sigma^2\Delta_5+2s_r\sigma^3 c_m)}{4\theta\delta^2} > 0$

时,零售商应该选择分销制造商的延保服务;否则,零售商应该选择自营延保服务。其中,$\varphi,\delta,\Delta_3,\Delta_4,\Delta_5,\Delta_6,\Delta_7,\Delta_{11},\Delta_{12}$ 如定理 5.1 和定理 5.2 所示。

零售商的最优延保销售策略受两个方面因素的影响:一是受自身因素的影响,零售商自营延保服务时的延保服务成本 c_r 和消费者对延保服务价格的敏感系数 θ 等会影响零售商的延保服务销售选择策略。二是受制造商延保服务竞争的影响,制造商的延保服务成本 c_m 和消费者对制造商延保服务价格的敏感性 σ 也会影响零售商的决策。零售商是自营延保服务还是分销延保服务受这些因素的综合影响,没有哪一种策略是绝对占优的,零售商应该根据自身提供延保服务的效率、消费者对延保服务价格的敏感程度等选择最优的延保服务销售策略。后续将用数值算例进一步研究相关参数对零售商延保服务销售策略的影响,提出零售商自营延保服务和分销延保服务的条件。

比较 MR 模式和 MM 模式下制造商的最大利润,分析制造商的延保服务双渠道销售策略,可得以下定理。

定理 5.4 当 $\dfrac{c_m\sigma^3(4\theta c_r+c_m s_m s_r)+\theta^2\sigma\{2c_r(as_m+c_m s_r)+s_m s_r[(c_m+c_r)^2+c_m^2]\}}{4\theta\delta} -$

$\left[\dfrac{\theta(2ac_m)(\theta s_m+\sigma s_r)}{2\varphi}-\dfrac{c_m}{2}\right]\times \dfrac{(\theta-\sigma)[4as_m\theta^2(\theta+\sigma)-c_m\Delta_{10}]}{4\theta\varphi} - \dfrac{(2a-c_m)(\theta^2-\sigma^2)\Delta_8}{4\varphi^2} -$

$\left(\dfrac{\Delta_9}{2\varphi}-c_m\right)\times \dfrac{s_r(\theta-\sigma)[2\theta(2-s_r)(\theta+\sigma)(2a-c_m)-c_m\varphi]}{4\varphi} + \dfrac{\theta^3\Delta_1+2c_m^2\sigma^4-8\theta^3\sigma c_m c_r+\theta\sigma^2\Delta_2}{4\theta\delta} > 0$

时,制造商应该选择单渠道销售延保服务,否则,制造商应该选择双渠道销售延保服务。其中,$\varphi,\delta,\Delta_1,\Delta_2,\Delta_8,\Delta_9,\Delta_{10}$ 如定理 5.1 和定理 5.2 所示。

定理 5.4 表明,制造商选择双渠道销售延保服务未必是占优策略。制造商的最优延保服务销售渠道策略受其延保服务成本 c_m、零售商延保

服务成本 c_r、消费者对延保服务价格的敏感系数 θ 以及消费者对零售商延保服务价格的敏感系数 σ 等因素的共同影响。制造商应该根据自身提供延保服务的效率、消费者对延保服务价格的敏感程度等选择最优的延保服务销售渠道。在后续的数值算例分析中,我们将进一步讨论相关参数对制造商延保服务双渠道销售策略的影响。

第五节 算例分析

一、制造商和零售商的最优定价决策影响因素分析

研究 MM 模式和 MR 模式下制造商的最优产品批发价、延保服务零售价和零售商的最优延保服务零售价的变化。因为制造商和零售商同时销售延保服务,消费者对延保服务价格的敏感性 θ 对制造商和零售商的决策及利润都有重要影响,且消费者对延保服务价格比对产品价格更敏感,所以选取消费者对延保服务价格的敏感系数 θ 做敏感性分析。取参数 $a=200$、$s_m=s_r=0.5$、$\sigma=1.1$、$c_m=c_r=4$,因为 $\theta>\sigma$,所以取 $\theta\in[2,7]$,θ 对制造商和零售商最优定价决策的影响分别如图 5.2 至图 5.4 所示。

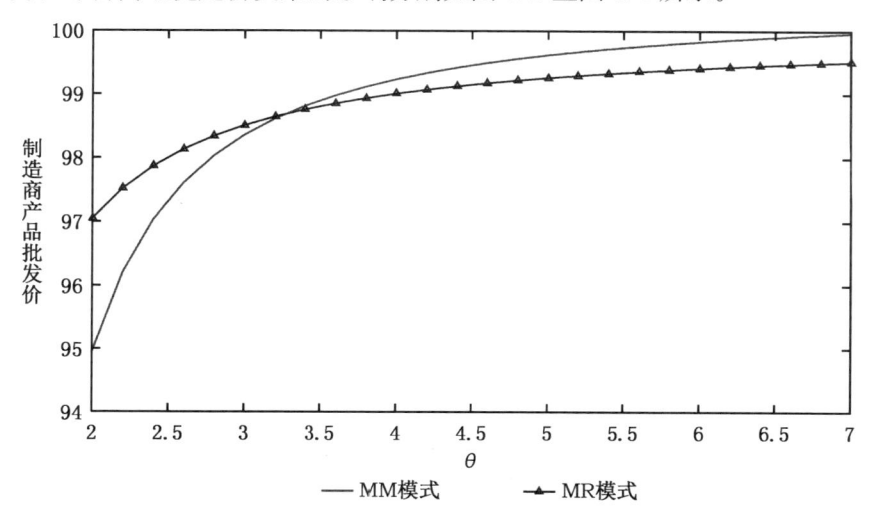

图 5.2 θ 对制造商产品批发价的影响

从图 5.2 可见，制造商的产品批发价随 θ 的增加而增加，且 MM 模式即制造商双渠道销售延保服务时产品批发价增加较快。θ 越大，说明消费者对延保服务价格越敏感，制造商依靠延保服务获利的效率越低，此时制造商更希望在产品部分获得更多利润，所以制造商选择提高产品批发价来直接获取较高的产品利润。图 5.2 表明，当 θ 较小时，MM 模式即制造商双渠道销售延保服务时，制造商的产品批发价较低；当 θ 较大时，MR 模式即制造商单渠道销售延保服务同时零售商自营延保服务时，制造商的产品批发价较低。θ 较小，说明消费者对延保服务价格不太敏感，这时销售延保服务可以获得较多利润，所以当制造商双渠道销售延保服务时，制造商会给零售商较低的批发价以期零售商也以较低的零售价销售产品，从而扩大产品需求乃至扩大延保服务需求，增加延保服务利润。θ 较大，说明消费者对延保服务价格敏感，这时通过销售延保服务获利的空间有限，双渠道销售延保服务对制造商吸引力不大，所以此时制造商双渠道销售延保服务，制造商的产品批发价更高。

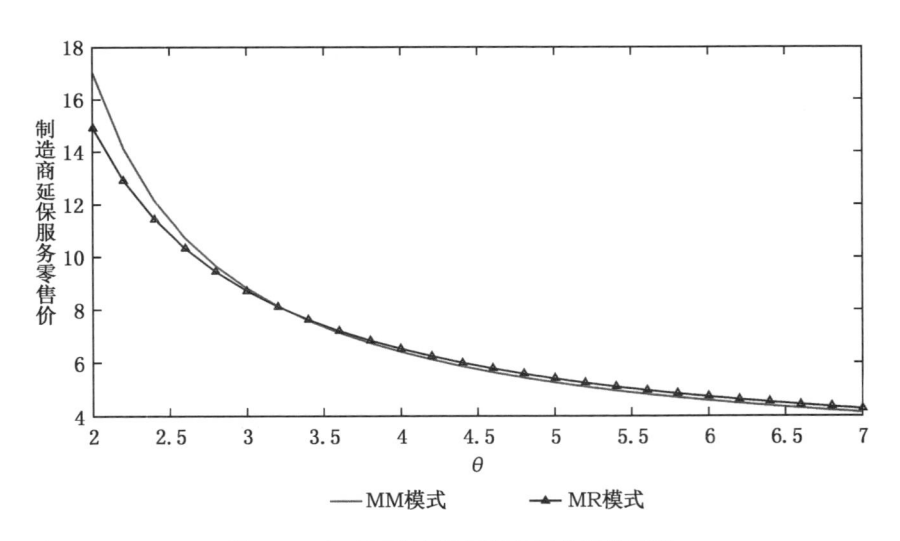

图 5.3 θ 对制造商延保服务零售价的影响

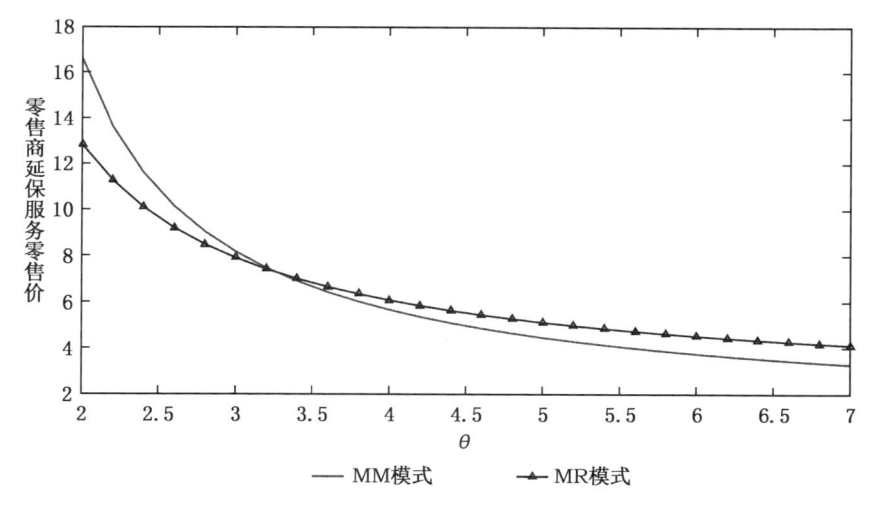

图 5.4 θ 对零售商延保服务零售价的影响

图 5.3 和图 5.4 表明,两种延保服务销售模式下,制造商和零售商的延保服务零售价都随 θ 的增加而降低,θ 越大,说明消费者对延保服务价格越敏感,制造商和零售商通过降低延保服务零售价来吸引消费者增加延保服务需求的效果越显著。此外,制造商的产品批发价会随 θ 的增加而增加,所以对零售商来说,θ 较大会导致其产品利润和延保服务利润双重下降。而对制造商来说,θ 较大会导致其产品批发价较高和延保服务零售价较低,减少其利润。所以对制造商和零售商来说,均应着力提高延保服务水平,致力为消费者提供满意、方便的售后维修保养服务,让他们感受到延保服务的重要价值,只有这样才能有效降低消费者对延保服务价格的敏感程度,从而提高利润。

图 5.3 和图 5.4 也表明,当 θ 较小时,MM 模式即制造商双渠道销售延保服务时,制造商和零售商的延保服务零售价较高;当 θ 较大时,MR 模式即制造商单渠道销售延保服务同时零售商自营延保服务时,制造商和零售商的延保服务零售价较高。

二、制造商和零售商的利润及延保服务销售选择分析

以下研究消费者对延保服务价格的敏感性 θ 对制造商和零售商的利润及延保服务销售策略选择的影响。其他基本参数取值同本章算例第一部分，θ 对制造商、零售商和供应链系统利润的影响如图 5.5 至图 5.7 所示。

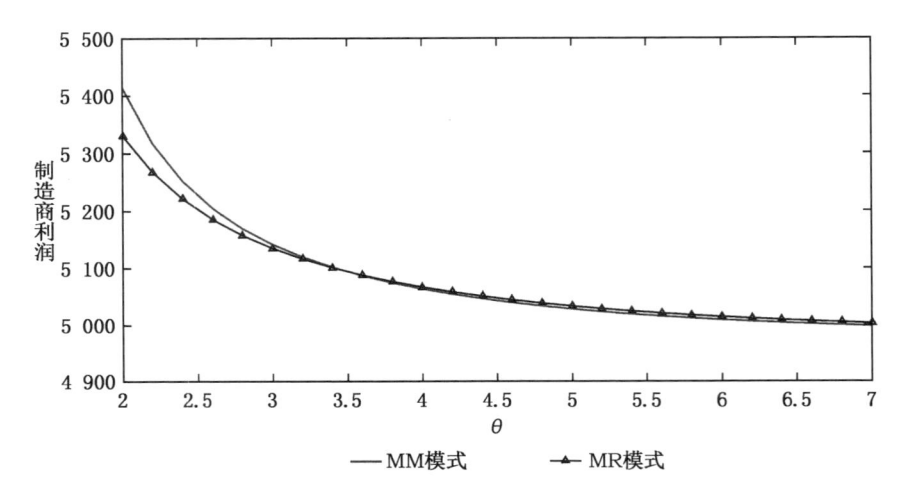

图 5.5 θ 对制造商利润的影响

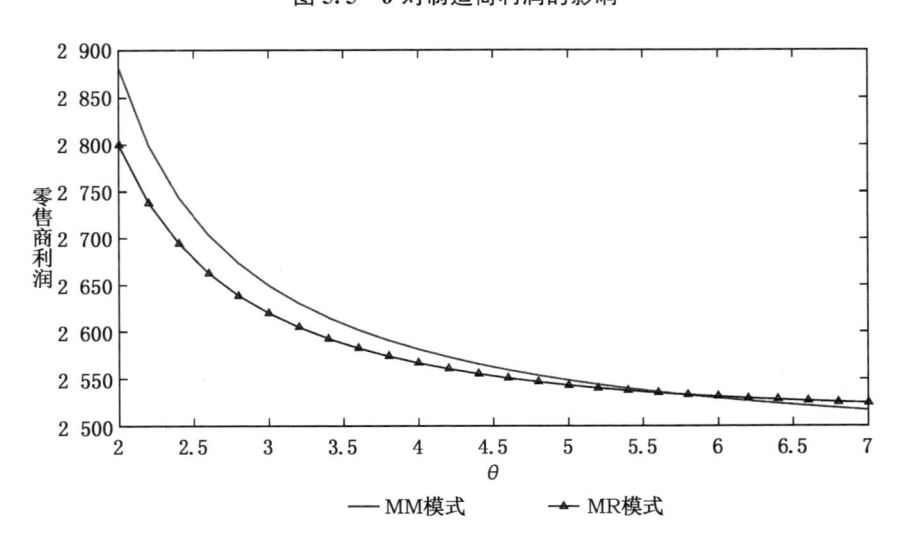

图 5.6 θ 对零售商利润的影响

图 5.5 和图 5.6 表明,制造商和零售商的利润都随 θ 的增加而降低。当 $\theta<3.5$ 时,制造商双渠道销售延保服务利润较大;当 $\theta<5.5$ 时,零售商分销制造商的延保服务利润较大。所以,当 $\theta<3.5$ 时,制造商和零售商可以采用均衡策略,制造商双渠道销售延保服务同时零售商分销制造商的延保服务是双方的最优延保服务销售策略。当 $\theta>3.5$ 时,制造商单渠道销售延保服务利润较大;当 $\theta>5.5$ 时,零售商自营延保服务利润较大。所以,当 $\theta>5.5$ 时,制造商和零售商也可以采用均衡策略,此时制造商会选择单渠道销售延保服务同时零售商会选择自营延保服务。而当 $3.5\leqslant\theta\leqslant5.5$ 时,由于制造商单渠道销售延保服务利润更大,因此此时即使零售商希望分销制造商的延保服务,由于这样会损害制造商的利润,制造商也不会选择双渠道销售延保服务,因此,此时制造商仍然选择单渠道销售延保服务,而零售商只能自营延保服务。

综上,当 θ 较小、$\theta<3.5$ 时,制造商双渠道销售延保服务同时零售商分销制造商延保服务是双方的最优延保服务销售策略。当 $3.5\leqslant\theta\leqslant5.5$ 时,制造商会选择单渠道销售延保服务,而零售商只能自营延保服务。当 θ 较大、$\theta>5.5$ 时,制造商单渠道销售延保服务同时零售商自营延保服务是双方的最优延保服务销售策略。

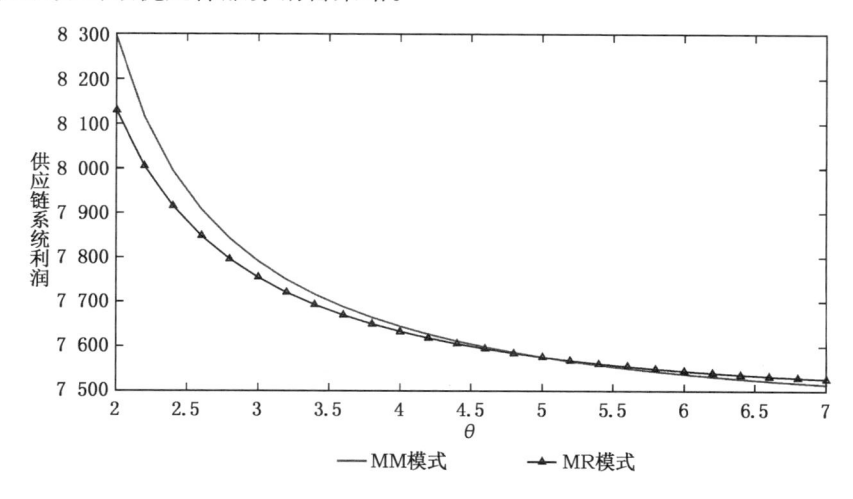

图 5.7 θ 对供应链系统利润的影响

图 5.7 表明,供应链系统的利润随 θ 的增加而降低。当 $\theta<5$ 时,MM 模式即制造商双渠道销售延保服务、零售商分销制造商延保服务时,供应链系统的利润较大;当 $\theta>5$ 时,MR 模式即零售商自营延保服务时,供应链系统的利润较大。

接下来研究制造商和零售商的延保服务成本 c_m 和 c_r 同时变化对 MM 模式和 MR 模式下制造商和零售商的利润的影响,分析 c_m 和 c_r 对制造商和零售商的延保服务销售策略的影响机理。

延保服务成本也是影响延保服务供应链企业绩效的重要因素,同时延保服务成本会对制造商和零售商的延保服务销售策略产生重要影响。其他相关参数的取值同本章算例第一部分,取 $c_m \in (0, 4.5)$、$c_r \in (0, 4.5)$。为了更清晰地比较制造商和零售商在 MM 模式和 MR 模式下利润的大小,对制造商和零售商在这两种延保服务模式下的利润求差,c_r、c_m 同时变化对 MM 模式和 MR 模式下制造商和零售商利润差的影响如图 5.8 和图 5.9 所示。图 5.8 表示的是 MM 模式和 MR 模式下制造商的利润差 $\Delta\pi_m = \pi_m^{MM^*} - \pi_m^{MR^*}$ 随 c_r 和 c_m 变化的图像,图 5.9 表示的是 MM 模式和 MR 模式下零售商的利润差 $\Delta\pi_r = \pi_r^{MM^*} - \pi_r^{MR^*}$ 随 c_r 和 c_m 变化的图像。

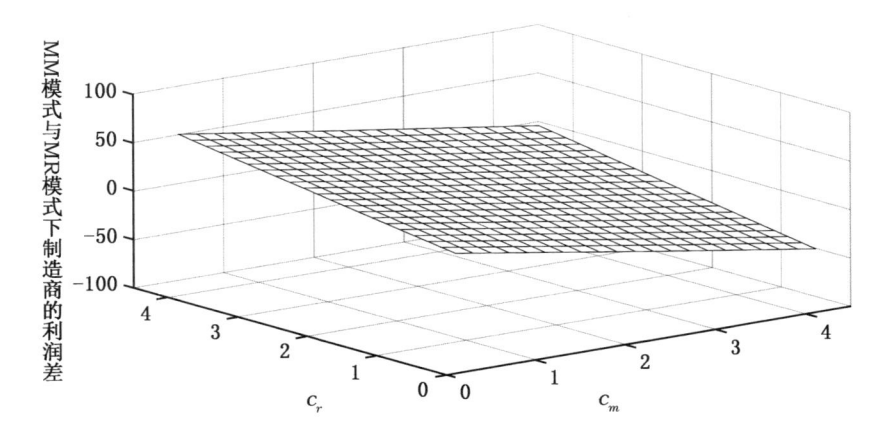

图 5.8 (c_r, c_m) 对 MM 模式和 MR 模式下制造商利润差的影响

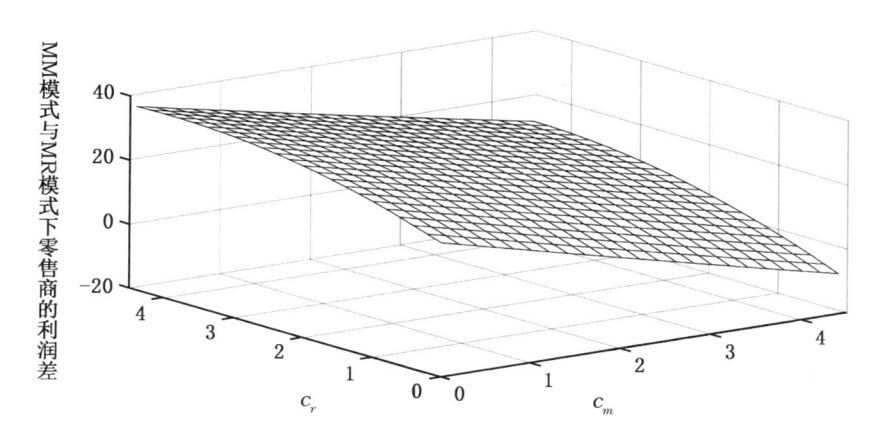

图 5.9 (c_r, c_m) 对 MM 模式和 MR 模式下零售商利润差的影响

从图 5.8 和图 5.9 可见，$\Delta\pi_m$ 和 $\Delta\pi_r$ 有正有负，说明哪种延保服务销售模式对制造商和零售商更有利取决于 c_m 和 c_r 的取值。当 c_m 较小且 c_r 较大时，$\Delta\pi_m$ 和 $\Delta\pi_r$ 均最大且为正，说明此时 MM 模式下制造商和零售商的利润均最大，所以此时制造商双渠道销售延保服务同时零售商代销制造商的延保服务是双方的最优延保服务销售选择策略。当 c_m 较小且 c_r 较大时，制造商提供延保服务的效率更高，由制造商提供延保服务可以获得更大的延保服务边际利润，所以此时制造商应该双渠道销售延保服务，同时由于零售商提供延保服务的效率较低，因此零售商不会自营延保服务，而会选择代销制造商的延保服务。实践中，对于规模不大的小型零售商，由于厂房、人才和技术的限制，往往提供延保服务的效率较低，这时就应该代销制造商的延保服务。当 c_m 较大且 c_r 较小时，$\Delta\pi_m$ 和 $\Delta\pi_r$ 均最小且为负，说明此时 MR 模式下制造商和零售商的利润均最大，所以制造商单渠道销售延保服务同时零售商自营延保服务是双方的最优延保服务销售选择策略。对大型零售商，由于其具有较高的知名度，销售的耐用产品种类繁多，在供应链中具有较大的话语权，因此纷纷自营延保服务，比如大型家电零售商国美一直是独立销售自己的延保服务——家安宝。

以下研究 c_r 和 c_m 对 MM 模式和 MR 模式下供应链系统利润差的影响。为了更清晰地比较供应链系统在 MM 模式和 MR 模式下利润的大小,对供应链系统在这两种延保服务模式下的利润求差,c_r 和 c_m 对供应链系统利润的影响如图 5.10 所示。

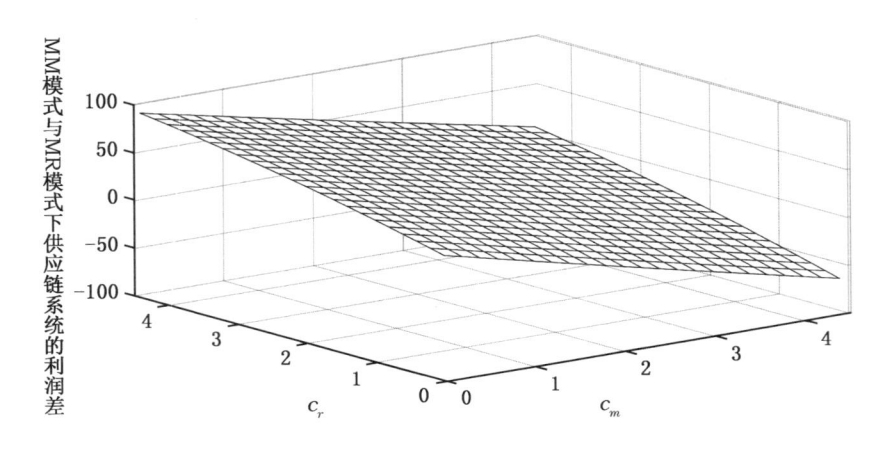

图 5.10 (c_r,c_m) 对 MM 模式和 MR 模式下供应链系统利润差的影响

图 5.10 表示的是供应链系统的利润差 $\Delta\pi_s = \pi_s^{MM^*} - \pi_s^{MR^*}$ 随 c_r 和 c_m 变化的图像。从图中可见,无论 c_m 如何变化,当 c_r 较大时,$\Delta\pi_s > 0$,即制造商双渠道销售延保服务、零售商自营延保服务时,供应链系统的利润更大;当 c_r 较小且 c_m 较大时,$\Delta\pi_s < 0$,即制造商单渠道销售延保服务、零售商自营延保服务时,供应链系统的利润更大。

第六节 本章小结

现有对供应链延保服务模式的相关研究大多考虑的是单主体(制造商或零售商)提供延保服务的情况,而对零售商和制造商同时提供延保服务的研究非常少。基于此,本章考虑当零售商和制造商都提供延保服务时,制造商的延保服务双渠道销售策略和零售商的延保服务销售选择策略。本章构建由一个制造商和一个零售商组成的供应链,制造商在提供产品的同时提供产品延保服务,制造商的产品通过零售渠道销售,延保服务可以单渠道(直销渠道)销售,也可以双渠道(直销渠道和分销渠道)销售。零售商在销售产品的同时销售延保服务,零售商的延保服务销售选择策略有两种:自营延保服务和分销制造商的延保服务。通过构建两种不同的延保服务策略下制造商和零售商的决策模型,给出制造商在两种不同的延保服务销售渠道模式下的最优产品批发价、最优延保服务零售价、双渠道销售延保服务时的延保服务批发价,以及两种模式下的最大利润;同时得到零售商在两种不同的延保服务选择策略下的最优产品零售价、延保服务零售价和最大利润。最后通过算例进一步研究消费者对延保服务价格的敏感程度以及制造商和零售商的延保服务成本对制造商和零售商的利润的最优决策的影响。

本章主要的研究结论如下:

(1)制造商双渠道销售延保服务并不总能使利润增加,零售商自营延保服务也并不总是最优的。

(2)当消费者对延保服务价格较敏感时,制造商单渠道销售延保服务同时零售商自营延保服务是双方的最优延保服务销售策略;当消费者对延保服务价格不敏感时,制造商双渠道销售延保服务同时零售商分销制造商的延保服务是双方的最优延保服务销售策略。

(3)当制造商的延保服务成本较小且零售商的延保服务成本较大时,制造商双渠道销售延保服务同时零售商分销制造商的延保服务是双方的最优延保服务销售选择策略;当制造商的延保服务成本较大且零售商的延保服务成本较小时,制造商单渠道销售延保服务同时零售商自营延保服务是双方的最优延保服务销售选择策略。

综上,本章分析了在产品单渠道情况下,制造商和零售商同时提供延保服务时,制造商的延保服务双渠道销售策略和零售商的延保服务销售选择策略,具有一定的理论意义和现实意义。由于本章是以产品单渠道、延保服务竞争为背景来研究制造商和零售商的延保服务销售策略的,但实际生活中还存在制造商产品通过双渠道销售且制造商和零售商同时提供延保服务的情形,消费者购买产品和延保服务是相互独立的,因此,当制造商和零售商同时销售产品和延保服务时,制造商和零售商就要决定是否向购买对方产品的消费者开放延保服务购买渠道,这将在下一章中继续研究。

第六章 产品双渠道的供应链延保服务开放策略研究[①]

本书主要基于不同的产品渠道结构研究单主体(制造商或零售商)以及双主体(制造商和零售商)提供延保服务时的供应链延保服务渠道策略。上一章在产品单渠道下,研究了供应链延保服务竞争时制造商和零售商的延保服务销售选择策略。本章将产品渠道拓展为双渠道,在制造商和零售商同时提供不同质量延保服务的情况下,研究制造商和零售商的延保服务开放策略。按照制造商和零售商是否向购买对方产品的消费者开放延保服务,将延保服务开放策略分为双方均不开放延保服务、仅制造商开放延保服务、双方均开放延保服务。首先,构建三种不同策略下制造商和零售商的决策模型;其次,对比分析三种不同策略下的定价以及制造商和零售商的最大利润;最后,通过数值分析,进一步研究仅零售商开放延保服务的情况,并分析零售商的延保服务水平和制造商的延保服务成本对制造商和零售商开放延保服务的影响。

第一节 研究背景

随着汽车、电脑、手机等耐用消费品的迅速普及,产品保修期限与使用寿命之间的差距进一步扩大,延保服务迅速崛起。延保服务属于一种无形的产品,只有在延保期内产品出了问题,才会产生延保服务的相关费用,因此延保服务具有较高的利润,供应链中的大多数企业将延保服务作

[①] 与本章相关的内容已发表在《管理评论》2023年第35卷第4期。

为其新的利润增长点。作为产品的生产者,制造商最早提供延保服务并获得丰厚利润。作为供应链的下游企业,零售商受制于上游制造商的渠道控制,利润空间有限,但作为消费的终端,零售商掌握大量品牌信息和消费者信息,在产品和延保服务销售上更具优势,所以近年来大型零售商如百思买、京东、天猫等推出了自己的延保服务,这些延保服务也为零售商带来了巨额利润,例如百思买的利润中有近 50% 来自延保服务(Li 等,2012)。企业通过提供产品延保服务,不仅满足了客户的服务需求,而且获得了差异化竞争的优势。此外,由于产品延保服务是面向产品整个生命周期的,因此延长了企业的获利周期,有利于企业与客户长期互利合作关系的建立。

随着竞争的加剧和信息技术的发展,越来越多的制造商通过直销和分销双渠道销售产品。一方面,制造商通过直销渠道销售产品和产品延保服务,在分销渠道只销售产品,如苹果和华为;另一方面,零售商在零售渠道销售产品和自己的延保服务,如国美和天猫。制造商作为产品的生产者,比零售商更有责任树立品牌形象、提高售后服务水平;且制造商在产品原部件、人才、技术上往往比零售商更有优势,可以向消费者提供更高水平的延保服务,所以部分制造商向购买零售商产品的消费者开放了延保服务购买渠道,即消费者在零售商处购买产品后可在规定日期内购买制造商的延保服务。例如,苹果规定消费者在零售商处购买产品后可以在 2 个月内购买苹果官方 AppleCare 延保服务,三星规定消费者在零售商处购买产品后可以在 10 个月内购买三星官方延保服务。

作为产品的生产者,制造商提供延保服务具有先天优势,于是其面临这样的问题:要不要向购买零售商产品的消费者开放延保服务?近年来,随着大型零售商的迅速崛起,零售商的延保服务水平不断提高,零售商也可以向消费者提供高水平的延保服务,所以,当制造商开放延保服务后,零售商面临这样的问题:要不要向购买制造商产品的消费者开放延保服务?同理,零售商需要考虑要不要先开放延保服务,而当零售商开放延保服务后,制造商需要决定是否也开放延保服务。

早期对延保服务的研究主要聚焦延保服务产品的设计,这类研究主要从不同的维修维护策略（Bouguerra 等，2012）、购买延保服务的时间（Tong 等，2014）、最优延保服务定价（卢震和张剑，2013）和服务期限（Chang 和 Lin，2012）方面进行。由于延保服务最早由制造商提供，因此部分学者研究了制造商的延保服务提供和销售渠道策略。聂佳佳和邓东方（2014）在产品质量影响延保服务成本的情况下研究了制造商的延保服务外包策略。张旭梅等（2012）研究了延保服务水平对制造商延保服务销售渠道选择的影响。针对近年来零售商提供延保服务，学者们研究了零售商提供延保服务对供应链成员企业决策和利润的影响。易余胤等（2017）考虑公平偏好对供应链延保服务决策和协调的影响，构建了一个强零售商提供延保服务而制造商具有公平偏好的供应链模型。Jiang 和 Zhang（2011）、Heese（2012）、Bian 等（2015）研究了零售商提供延保服务对制造商质保服务的影响。郑斌等（2018）研究了零售商延保服务和制造商基础质保服务的交互策略。易余胤和姚俊江（2016）研究了网络外部性对延保服务供应链节点企业决策及系统收益的影响。马建华等（2018）研究了零售商提供延保服务，两个竞争性制造商的两部定价合同决策。

　　由于延保服务需求来源于产品需求，延保服务的引入往往会影响产品的定价、产品和延保服务的渠道模式，从而影响企业利润，因此要求供应链系统成员合理分工，提高供应链系统的绩效。近年来，学术界对供应链不同主体提供延保服务对供应链成员的影响进行了研究，这方面的研究主要分为以下两类：(1)基于单主体的供应链延保服务渠道模式。Li 等（2012）针对供应链集中决策、制造商或零售商提供延保服务的分散化决策，比较了不同延保服务渠道模式的均衡决策和绩效。易余胤等（2018）研究了基于网络外部性和渠道权力结构的供应链延保服务模式。Desai 和 Padmanabhan（2004）基于消费者的风险偏好以及效用引出需求函数，得出双边际效应和产品互补效应会影响供应链延保服务渠道设计的结论。(2)基于多主体竞争的供应链延保服务渠道模式。寇军（2016）针对制造商和零售商同时提供延保服务，研究了分散化决策与集中决策下制造商和零售商的最优延保服务水平，提出一种使供应链实现协调的服务成本分担契约。Qin 等(2017)基于元件可靠性,构建了竞争元件供应商、制造商和在线零售商的三级供应链,研究了制造商的延保服务策略问题。

通过以上对延保服务相关文献的梳理,发现现有文献对双渠道供应链制造商和零售商同时提供延保服务时的延保服务开放策略问题尚未涉及。基于此,本章考虑由一个制造商和一个零售商组成的两级延保服务供应链,制造商和零售商分别在各自渠道销售相同的产品和不同的延保服务,研究制造商和零售商的延保服务开放策略及其延保服务开放对制造商和零售商决策的影响。本章首先介绍不同延保服务开放策略下模型的构建,然后求解各模型的均衡结果并进行对比分析,最后通过数值算例研究零售商的延保服务水平、制造商的延保服务成本等对制造商和零售商的延保服务开放策略的影响。本章的主要创新之处在于通过效用函数刻画延保服务开放情况下制造商和零售商延保服务需求的转移,研究双渠道的供应链制造商和零售商同时提供延保服务时,制造商和零售商的延保服务开放策略。

第二节　问题描述与假设

一、问题描述

考虑由一个制造商和一个零售商组成的两级延保服务供应链,制造商在直销和分销渠道分别销售产品,但产品延保服务只在直销渠道销售,零售商在分销渠道销售产品的同时也销售自己的延保服务。消费者可选择在任何渠道购买单一产品或购买产品加延保服务的组合。因为大部分消费者在购买产品后再决定是否额外付费购买延保服务(郑斌等,2018;Mai 等,2017),所以本章假设消费者购买产品和购买延保是相互独立的。

为方便比较,本章按照制造商和零售商的延保服务是否向对方开放,将延保服务开放策略分为不通、制造商(零售商)单通和双通。不通是指消费者在制造商处购买产品只能在制造商处购买延保服务,在零售商处购买产品只能在零售商处购买延保服务;制造商(零售商)单通是指消费者在制造商(零售商)处购买产品后只能在制造商(零售商)处购买延保服务,在零售商(制造商)处购买产品后可在制造商(零售商)处购买延保服务;双通是指消费者无论在哪个渠道购买产品,均可在制造商或零售商处购买延保服务。那么,制造商和零售商要不要开放延保服务？当制造商(零售商)开放延保服务后,零售商(制造商)要不要也开放延保服务？不同模式下的产品批发价、延保服务定价有何不同？本章通过求解三种模式下制造商和零售商的最优决策,提出制造商和零售商的最大利润以及延保服务开放策略。以延保服务制造商单通为例,供应链的三种延保服务开放策略如图 6.1 所示,图中实线表示产品,虚线表示延保服务。

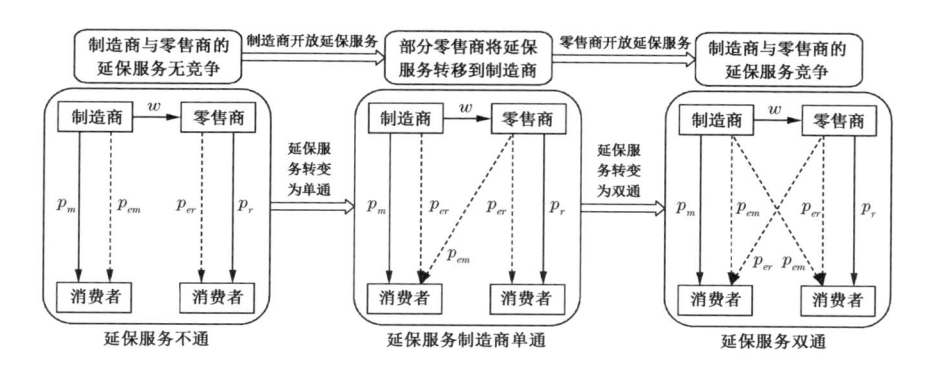

图 6.1 供应链三种延保服务开放策略演化

二、符号说明与相关假设

(一)符号说明

本章中涉及的数学符号及相关说明如表 6.1 所示。

表 6.1 符号说明

数学符号	相关说明
决策变量	
w	制造商产品批发价

续表

数学符号	相关说明
p_r	零售商产品定价
p_{er}	零售商延保服务定价
模型符号	
p_m	制造商产品定价
p_{em}	制造商延保服务定价
a	每个渠道的产品潜在需求
b	消费者对竞争产品价格的敏感系数
λ	产品的故障率
q_i	延保服务水平,$i=m$ 和 $i=r$ 分别表示制造商和零售商
c_i	单位延保服务成本系数,i 的含义同上
D_{is}	产品需求,i 含义同上,$s=0,1,2$ 分别表示延保服务不通、单通和双通
d_{is}	延保服务需求,i 和 s 的含义同上
π_{ms}	制造商利润,s 的含义同上
π_{rs}	零售商利润,s 的含义同上

(二)相关假设

制造商通过直销和分销双渠道销售产品,产品延保服务只在直销渠道销售,零售商在分销渠道销售产品和自己的延保服务。设制造商的单位产品批发价为 w,不失一般性,将制造商的单位产品生产成本标准化为 0。制造商和零售商的产品定价分别为 p_m 和 p_r,延保服务定价分别为 p_{em} 和 p_{er}。由于制造商的产品和延保服务定价一般在短时间内很少变动,因此假设制造商的产品定价 p_m 和延保服务定价 p_{em} 外生给定。设 q_m 和 q_r 为制造商和零售商的延保服务水平,由于制造商在产品原部件、技术、人才方面往往比零售商更有优势,因此本章假设制造商的延保服务水平更高,即 $q_r<q_m$。不失一般性,将制造商的延保服务水平 q_m 标准化为 1,则零售商的延保服务水平 $q_r<1$。

根据郑斌等(2018)和 Mai 等(2017)的研究,假设消费者购买产品和延保服务的决策是相互独立的。消费者首先决定在制造商或零售商处购买产品或不购买产品,然后根据不同延保服务开放的情况决定是否购买延保服务,以及在何处购买延保服务。例如,在延保服务单通时,购买制造商产品的消费者只能购买制造商的延保服务,但在零售商处购买产品的消费者可以选择购买制造商或零售商的延保服务。当消费者购买延保服务后,产品发生故障时,消费者就会要求延保服务的提供方提供维修服务,这时,延保服务的提供方就会付出相应的维修成本,维修成本与产品的故障率 λ、延保服务水平 q_i 有关,根据张旭梅等(2012),假设延保服务成本的形式为 $\lambda c_i q_i^2$,其中,c_i 表示单位延保服务成本系数(c_i 越小,说明延保服务效率越高),$i=m$ 和 $i=r$ 分别表示制造商和零售商。

由于本章研究的是耐用品行业,这类行业的一个典型特征是制造商在供应链中拥有先动优势,因此,本章假设供应链博弈顺序遵循制造商为领导者的 Stackelberg 博弈。决策顺序和决策变量具体如下:制造商首先制定产品批发价 w,之后零售商决定产品定价 p_r 和延保服务定价 p_{er},最后消费者做出产品购买决策和延保服务购买决策。

第三节 产品需求及延保服务需求

一、产品需求

制造商和零售商分别在直销和分销渠道销售相同的产品,制造商和零售商的产品进行价格竞争。制造商和零售商的产品需求取决于产品的总潜在需求、各自产品的零售价和竞争产品的零售价。设零售商的产品需求 $D_r = a - p_r + b p_m$,制造商的产品需求 $D_m = a - p_m + b p_r$。其中,a 表示制造商和零售商各自渠道产品的总潜在需求,由于本章的研究重点在于延保服务渠道的开放策略,因此假设制造商和零售商的渠道产品潜在需求相等;b 表示消费者对竞争产品价格的敏感系数($0<b<1$),b 越大

说明消费者对竞争产品的价格越敏感,类似的线性需求函数也被鲁其辉和朱道立(2009)以及郑斌等(2018)广泛采用。

二、延保服务需求

延保服务是一种无形的产品,消费者购买延保服务是为了规避以后产品发生故障的损失,实质上是对产品质量风险的规避。由于消费者往往对风险的感知程度不同,且当产品发生故障时,消费者对维修服务的满意程度也不相同,因此本章考虑消费者的异质性,假定消费者从每单位延保服务中获得的效用为 μ,μ 服从区间$[0,1]$上的均匀分布。当产品发生故障时,消费者可以得到 μq_i 的补偿,消费者购买延保服务的效用函数被定义为 $\theta_i = \lambda \mu q_i - p_{ei}$,其中,$i=m$ 和 $i=r$ 分别表示制造商和零售商。

(一)延保服务不通时的延保服务需求

延保服务不通时,制造商和零售商各自向购买自己渠道产品的消费者销售延保服务,延保服务不构成竞争,制造商和零售商的延保服务需求取决于各自的产品需求、延保服务定价以及延保服务水平。当消费者购买延保服务的效用非负时,消费者就会购买延保服务。所以,当延保服务不通时,消费者购买零售商延保服务的条件是 $\lambda \mu q_r - p_{er} \geqslant 0$,购买零售商延保服务的消费者的比例为 $1 - \dfrac{p_{er}}{\lambda q_r}$,零售商的延保服务需求如下:

$$d_{r0} = (a - p_r + b p_m)\left(1 - \dfrac{p_{er}}{\lambda q_r}\right)$$

同理,消费者购买制造商延保服务的条件是 $\lambda \mu - p_{em} \geqslant 0$,制造商的延保服务需求如下:

$$d_{m0} = (a - p_m + b p_r)\left(1 - \dfrac{p_{em}}{\lambda}\right)$$

(二)延保服务制造商单通时的延保服务需求

延保服务单通时,根据 Chiang 等(2003)的研究,当消费者从制造商处购买延保服务的效用非负且大于在零售商处购买延保服务的效用时,零售商的延保服务需求就会转移到制造商。所以零售商的延保服务需求向制造商转移的条件是 $\lambda\mu - p_{em} \geqslant 0$、$\lambda\mu - p_{em} \geqslant \lambda\mu q_r - p_{er}$，解上述不等式，得到 $\mu \geqslant \frac{p_{em}}{\lambda}$ 且 $\mu \geqslant \frac{p_{em} - p_{er}}{\lambda(1-q_r)}$。假设 $p_{em} - p_{er} > 0$，这是因为在一般情况下，延保服务水平越高，延保服务定价也越高。由于本章假设制造商的延保服务水平更高，因此制造商的延保服务定价也更高。由于实践中零售商的延保服务需求不为 0，且本章主要聚焦制造商和零售商的延保服务开放策略，因此假设 $\frac{p_{er}}{q_r} < p_{em}$ 成立。此时，有 $\frac{p_{er}}{\lambda q_r} < \frac{p_{em}}{\lambda} < \frac{p_{em} - p_{er}}{\lambda(1-q_r)}$，购买零售商产品且购买延保服务的效用在区间 $\left[\frac{p_{em} - p_{er}}{\lambda(1-q_r)}, 1\right]$ 上的消费者会转而购买制造商的延保服务，购买零售商产品且购买延保服务的效用在区间 $\left[\frac{p_{er}}{\lambda q_r}, \frac{p_{em} - p_{er}}{\lambda(1-q_r)}\right]$ 上的消费者会购买零售商的延保服务。由此可得延保服务单通时，零售商的延保服务需求如下：

$$d_{r1} = (a - p_r + bp_m)\left[\frac{p_{em} - p_{er}}{\lambda(1-q_r)} - \frac{p_{er}}{\lambda q_r}\right]$$

制造商的延保服务需求来自两个部分：(1)购买制造商产品且购买制造商延保服务的需求，这部分延保服务需求为 $(a - p_m + bp_r)\left(1 - \frac{p_{em}}{\lambda}\right)$；(2)购买零售商产品后购买制造商延保服务的需求，这部分延保服务需求为 $(a - p_r + bp_m)\left[1 - \frac{p_{em} - p_{er}}{\lambda(1-q_r)}\right]$。所以制造商的延保服务需求如下：

$$d_{m1} = (a - p_m + bp_r)\left(1 - \frac{p_{em}}{\lambda}\right) + (a - p_r + bp_m)\left[1 - \frac{p_{em} - p_{er}}{\lambda(1-q_r)}\right]$$

(三)延保服务双通时的延保服务需求

延保服务双通时，零售商和制造商的产品及延保服务都竞争，这时零售商的延保服务需求由两个部分组成：(1)购买零售商产品且购买零售商延保服务的需求，这部分延保服务需求为 $(a - p_r + bp_m)$

$\left[\dfrac{p_{em}-p_{er}}{\lambda(1-q_r)}-\dfrac{p_{er}}{\lambda q_r}\right]$；(2)购买制造商产品且购买零售商延保服务的需求，这部分延保服务需求为$(a-p_m+bp_r)\left[\dfrac{p_{em}-p_{er}}{\lambda(1-q_r)}-\dfrac{p_{er}}{\lambda q_r}\right]$。因此，延保服务双通时零售商的延保服务需求如下：

$$d_{r2}=[2a-(1-b)(p_m+p_r)]\left[\dfrac{p_{em}-p_{er}}{\lambda(1-q_r)}-\dfrac{p_{er}}{\lambda q_r}\right]$$

类似可得制造商的延保服务需求如下：

$$d_{m2}=[2a-(1-b)(p_m+p_r)]\left[1-\dfrac{p_{em}-p_{er}}{\lambda(1-q_r)}\right]$$

第四节 三种延保服务开放策略下制造商和零售商的最优决策

一、延保服务不通时的最优决策

以下构建供应链制造商和零售商的利润模型。制造商作为领导者先决定产品批发价 w，零售商作为追随者根据 w 决定最优产品定价 p_r 和延保服务定价 p_{er}。

制造商的最优化问题如下：

$$\max_{w}\pi_{m0}=w(a-p_r+bp_m)+p_m(a-p_m+bp_r)$$
$$+(p_{em}-c_m\lambda)(a-p_m+bp_r)\left(1-\dfrac{p_{em}}{\lambda}\right) \quad (6.1)$$

(6.1)式中的第一项为制造商的产品批发利润，第二项为制造商的产品销售利润，第三项为制造商的延保服务销售利润。

零售商的最优化问题如下：

$$\max_{p_r,p_{er}}\pi_{r0}=(p_r-w)(a-p_r+bp_m)+(p_{er}-c_r\lambda q_r^2)a-p_r+bp_m)\left(1-\dfrac{p_{er}}{\lambda q_r}\right)$$
$$(6.2)$$

(6.2)式中的第一项为零售商的产品销售利润，第二项为零售商的延保服务销售利润。

根据(6.1)式和(6.2)式可以求得制造商的最优产品批发价、零售商的最优产品定价、延保服务定价以及制造商和零售商的最大利润。以下用 * 表示最优解。

定理 6.1 延保服务不通时,制造商的最优产品批发价 $w_0^* = \dfrac{a+2bp_m}{2}+4(k+v)$,零售商的最优产品定价 $p_{r0}^* = \dfrac{3a+4bp_m}{4}+2(v-k)$,最优延保服务定价 $p_{er0}^* = \dfrac{\lambda q_r(1+c_r q_r)}{2}$,制造商的最大利润 $\pi_{m0}^* = \left(p_m+\dfrac{8v}{b}\right)\left[a+\dfrac{3ab}{4}-p_m(1-b^2)+2b(v-k)\right]+\left[\dfrac{a}{4}+2(k-v)\right]\left[\dfrac{a}{2}+4(k+v)+bp_m\right]$,零售商的最大利润 $\pi_{r0}^* = \left[\dfrac{a}{4}+2(k-v)\right]^2$。其中, $k = \dfrac{\lambda q_r(1-c_r q_r)^2}{32}$,$v = \dfrac{b(p_{em}-\lambda c_m)(\lambda-p_{em})}{8\lambda}$。

二、延保服务制造商单通时的最优决策

以下构建供应链制造商和零售商的利润模型。制造商作为领导者先决定产品批发价 w,零售商作为追随者根据 w 决定最优产品定价 p_r 和延保服务定价 p_{er}。

制造商的最优化问题如下:

$$\max_{w}\pi_{m1} = w(a-p_r+bp_m)+p_m(a-p_m+bp_r)+(p_{em}-c_m\lambda)\left[(a-p_m+bp_r)\left(1-\dfrac{p_{em}}{\lambda}\right)+(a-p_r+bp_m)\left(1-\dfrac{p_{em}-p_{er}}{\lambda(1-q_r)}\right)\right]$$

(6.3)

(6.3)式中的第一项为制造商的产品批发利润,第二项为制造商的产品销售利润,第三项为制造商延保服务销售利润。

零售商的最优化问题如下:

$$\max_{p_r,p_{er}} \pi_{r1} = (p_r-w)(a-p_r+bp_m)+(p_{er}-c_r\lambda q_r^2)(a-p_r+bp_m)$$
$$\left[\frac{p_{em}-p_{er}}{\lambda(1-q_r)}-\frac{p_{er}}{\lambda q_r}\right] \tag{6.4}$$

(6.4)式中的第一项为零售商的产品销售利润,第二项为零售商的延保服务销售利润。

根据(6.3)式和(6.4)式可以求得制造商最优产品批发价、零售商最优产品定价、延保服务定价以及制造商和零售商的最大利润。

定理 6.2 延保服务制造商单通时,制造商的最优产品批发价 $w_1^* = \frac{a+2bp_m}{2}+2(f-n+2v)$,零售商的最优产品定价 $p_{r1}^* = \frac{3a+4bp_m}{4}-f-n+2v$,最优延保服务定价 $p_{er1}^* = \frac{q_r p_{em}+\lambda c_r q_r^2}{2}$,制造商的最大利润 $\pi_{m1}^* = \left[\frac{a+2bp_m}{2}+2(f+n+2v)\right]\left(\frac{a}{4}+f+n-2v\right)+\left(p_m+\frac{8v}{b}\right)$ $\left[a+\frac{3ab}{4}-p_m(1-b^2)-b(f+n-2v)\right]$,零售商的最大利润 $\pi_{r1}^* = \left(\frac{a}{4}+f+n-2v\right)^2$。其中,$n=\frac{l(p_{em}-\lambda c_r)}{8\lambda(1-q_r)}$,$l=2\lambda(1-q_r)-2p_{em}+q_r(p_{em}+\lambda c_r q_r)$,$f=\frac{q_r(p_{em}-\lambda c_r q_r)^2}{16\lambda(1-q_r)}$。

三、延保服务双通时的最优决策

以下构建供应链制造商和零售商的利润模型。制造商作为领导者先决定产品批发价 w,零售商作为追随者根据 w 决定最优产品定价 p_r 和延保服务定价 p_{er}。

制造商的最优化问题如下:
$$\max_w \pi_{m2} = w(a-p_r+bp_m)+p_m(a-p_m+bp_r)+(p_{em}-c_m\lambda)$$
$$[2a-(1-b)(p_m+p_r)]\left[1-\frac{p_{em}-p_{er}}{\lambda(1-q_r)}\right] \tag{6.5}$$

(6.5)式中的第一项为制造商的产品批发利润,第二项为制造商的产品销售利润,第三项为制造商的延保服务销售利润。

零售商的最优化问题如下:

$$\max_{p_r,p_{er}} \pi_{r2} = (p_r-w)(a-p_r+bp_m)+(p_{er}-c_r\lambda q_r^2)$$
$$[2a-(1-b)(p_m+p_r)]\left[\frac{p_{em}-p_{er}}{\lambda(1-q_r)}-\frac{p_{er}}{\lambda q_r}\right] \quad (6.6)$$

(6.6)式中的第一项为零售商的产品销售利润,第二项为零售商的延保服务销售利润。

根据(6.5)式和(6.6)式,可以求得制造商的最优产品批发价、零售商的最优产品定价、最优延保服务定价以及制造商和零售商的最大利润。

定理 6.3 延保服务双通时,制造商的最优产品批发价 $w_2^* = 2(1-b)(f-n)+\frac{a+2bp_m}{2}$,零售商的最优产品定价 $p_{r2}^* = \frac{3a+4bp_m}{4}-(1-b)(f-n)$,最优延保服务定价 $p_{er2}^* = \frac{q_r p_{em}+\lambda c_r q_r^2}{2}$,制造商的最大利润 $\pi_{m2}^* = \left[\frac{a}{2}+bp_m+2(1-b)(f-n)\right]\left[\frac{a}{4}+(1-b)(f+n)\right]+\frac{(4a+3ab)p_m}{4}-b(1-b)p_m(f+n)-p_m^2(1-b^2)+n[5a+3ab-4(1-b^2)p_m+4(1-b)^2(f+n)]$,零售商的最大利润 $\pi_{r2}^* = f[5a+3ab-4(1-b^2)p_m+4(1-b)^2(f+n)]+\left[\frac{a}{4}+(1-b)(n-3f)\right]\left[\frac{a}{4}+(1-b)(f+n)\right]$。其中,$f$ 和 n 如定理 6.2 中所示。

由于延保服务零售商单通时,零售商的利润模型过于复杂,难以得出最优解析解,因此后续用数值解研究零售商延保服务单通时制造商和零售商的最大利润。

第五节 不同延保服务开放策略下最优决策及利润的对比分析

首先比较三种不同延保服务开放策略下制造商和零售商的最优定价,分析不同延保服务开放策略对制造商和零售商最优定价的影响机理;

然后比较不同延保服务开放策略下制造商和零售商的最大利润,分析制造商和零售商的延保服务开放策略。

一、最优决策对比分析

研究制造商和零售商开放延保服务对制造商产品批发价的影响,可得以下命题。

命题 6.1 制造商开放延保服务会使产品批发价降低,零售商开放延保服务会使产品批发价进一步降低,即 $w_0^* > w_1^* > w_2^*$。

命题 6.1 表明开放延保服务会影响制造商的产品批发价。首先,制造商开放延保服务会使产品批发价降低。制造商开放延保服务,制造商会有一部分延保服务需求来自零售商渠道,这时制造商降低产品批发价的目的是希望零售商随之降低零售商渠道的产品零售价从而扩大零售商渠道的产品需求,进而扩大零售商渠道延保服务的基本需求,使分流到制造商渠道的延保服务需求增加。其次,零售商开放延保服务会使制造商的产品批发价进一步降低。当零售商未开放延保服务时,制造商渠道的延保服务需求不会转移到零售商渠道,制造商享有自己渠道的全部延保服务需求。这时制造商制定比较高的产品批发价的好处在于:一是较高的产品批发价可以获得较高的产品边际利润;二是较高的产品批发价可以刺激零售商采取较高的产品零售价,由于制造商和零售商的产品竞争,因此制造商可以赢得产品市场竞争优势,增加产品需求,从而增加延保服务需求。而零售商开放延保服务,制造商会有部分延保服务需求转移到零售商渠道,也会有一部分来自零售商渠道的延保服务需求,由于延保服务需求来自产品需求,因此制造商可以通过降低产品批发价以期零售商也降低产品零售价从而扩大零售商渠道的产品需求,做大延保服务需求这块"蛋糕",提高延保服务利润。

研究制造商和零售商开放延保服务对零售商产品定价的影响,可得以下命题。

命题 6.2 比较延保服务不通、制造商单通和双通时零售商最优产

品定价 p_{r0}^*、p_{r1}^*、p_{r2}^*，有：

当 $c_m \leqslant \dfrac{8(1-q_r)(f-2k)}{l} + \dfrac{p_{em}}{\lambda}$ 时，$p_{r0}^* \geqslant p_{r1}^*$；当 $c_m > \dfrac{8(1-q_r)(f-2k)}{l} + \dfrac{p_{em}}{\lambda}$ 时，$p_{r0}^* < p_{r1}^*$。

当 $c_m \leqslant \dfrac{c_r q_r}{2} + \dfrac{p_{em}}{2\lambda}$ 时，$p_{r1}^* \geqslant p_{r2}^*$；当 $c_m > \dfrac{c_r q_r}{2} + \dfrac{p_{em}}{2\lambda}$ 时，$p_{r1}^* < p_{r2}^*$。

其中，k、f、l 如定理 6.1 和定理 6.2 中的定义。

命题 6.2 表明：(1)当制造商的延保服务成本系数 c_m 较小时，零售商的产品定价满足 $p_{r0}^* \geqslant p_{r1}^* \geqslant p_{r2}^*$，此时零售商的产品定价与产品批发价的变动方向一致，说明制造商和零售商开放延保服务使产品定价降低，增加了消费者福利。(2)当制造商的延保服务成本系数 c_m 较大时，零售商的产品定价满足 $p_{r0}^* < p_{r1}^* < p_{r2}^*$，此时零售商的产品定价与产品批发价的变动方向相反，原因可能在于：一是 c_m 较大，延保服务不通时产品批发价变小，双通时产品批发价变大，虽然延保服务不通时的产品批发价高于双通时的产品批发价，但它们之间的差距在缩小；二是 c_m 较大，说明制造商提供延保服务的成本较大，相对而言，零售商提供延保服务变得更有效率。当延保服务不通时，零售商享有自己渠道的全部延保服务需求，零售商会考虑产品需求对延保服务需求的正向影响，采取较低的产品零售价，以获取较大的产品需求和延保服务需求；当制造商开放延保服务时，零售商会有部分延保服务需求转移到制造商，这时零售商更注重产品部分的利润，所以产品零售价提高，以期获得更多产品利润；当零售商也开放延保服务服务时，由于零售商提供延保服务较有优势，因此零售商想吸引更多来自制造商渠道的延保服务需求，零售商的产品零售价进一步提高，这样一方面可以获得更大的产品边际利润，另一方面零售商的产品定价提高，制造商和零售商的产品竞争，制造商可以赢得更大的产品市场，从而赢得更大的延保服务需求市场，转移到零售商的延保服务需求也会增大。

研究延保服务制造商单通时零售商的产品需求与延保服务双通时零售商的产品需求的变化，可得以下命题。

命题 6.3　当 $c_m \leqslant \dfrac{c_r q_r}{2} + \dfrac{p_{em}}{2\lambda}$、延保服务双通时，零售商产品需求较大；当 $c_m > \dfrac{c_r q_r}{2} + \dfrac{p_{em}}{2\lambda}$、延保服务制造商单通时，零售商产品需求较大。

命题 6.3 表明，制造商开放延保服务后，零售商也开放延保服务未必能增加产品需求。当 c_m 较小时，延保服务双通即制造商和零售商都开放延保服务的情形下，零售商的产品定价较低，由于零售商的产品需求与零售商的产品定价反向变动，因此零售商的产品需求较大；反之，当 c_m 较大即制造商的延保服务单通时，零售商的产品定价较低，此时零售商的产品需求较大。

研究仅制造商开放延保服务与零售商和制造商都开放延保服务两种情形下，零售商的产品边际利润的变化，可得以下命题。

命题 6.4　制造商开放延保服务后，零售商也开放延保服务会增加自己的产品边际利润。

命题 6.4 表明，当制造商开放延保服务时，若零售商也开放延保服务，将显著增加自己的产品边际利润，从而可能增加整个产品部分的利润，这显然是零售商开放延保服务的最主要原因之一。

研究制造商和零售商开放延保服务对零售商延保服务定价的影响，可得以下命题。

命题 6.5　制造商开放延保服务，零售商的延保服务定价降低；零售商接着开放延保服务，零售商的延保服务定价保持不变，即 $p_{er0}^* \geqslant p_{er1}^*$、$p_{er1}^* = p_{er2}^*$。

命题 6.5 表明，制造商开放延保服务会使零售商降低延保服务定价。由于制造商未开放延保服务时，制造商的延保服务对零售商的延保服务不构成竞争，因此零售商可以制定较高的延保服务定价以获得零售渠道延保服务的高额垄断利润。而当制造商开放延保服务时，制造商和零售商的延保服务构成竞争，因为相比产品价格，消费者往往对延保服务价格更敏感（王素娟和胡奇英，2010），所以零售商采取降低延保服务定价的价格竞争策略。从命题 6.5 不难发现，零售商开放延保服务并没有使延保服务定价降低，因为制造商开放延保服务后，零售商无论开放延保服务与否，零售商的延保服务都同样面对制造商延保服务竞争的影响，且由于模型中假设制造商的延保服务定价为外生给定，因此零售商开放延保服务并不会对延保服务定价产生影响。

二、延保服务不通和制造商单通时最大利润对比分析

研究零售商未开放延保服务时，制造商开放延保服务对制造商和零售商最大利润的影响，即比较延保服务不通和制造商单通时制造商最大利润 π_{m0}^* 和 π_{m1}^*、零售商最大利润 π_{r0}^* 和 π_{r1}^*，可得定理 6.4。

定理 6.4 当 $c_m \leqslant \dfrac{4p_{em}(\lambda - p_{em} - \lambda q_r) + \lambda^2 q_r(q_r - 1) + 3p_{em}^2 q_r + c_r \lambda^2 q_r^2 (2 - 2q_r + q_r^2)}{2\lambda(2\lambda - 2p_{em} - 2\lambda q_r + p_{em} q_r + \lambda c_r q_r^2)}$

时，$\pi_{m1}^* \geqslant \pi_{m0}^*$、$\pi_{r1}^* \geqslant \pi_{r0}^*$；否则，$\pi_{m1}^* < \pi_{m0}^*$、$\pi_{r1}^* < \pi_{r0}^*$。

定理 6.4 表明，制造商开放延保服务并不一定能使自身利润增加，有时还会降低；零售商的利润也未必受损，有时反而增加。当制造商的延保服务成本较小时，制造商开放延保服务不仅能使自己的利润增加，而且能增加零售商的利润，所以当制造商的延保服务成本较小时，制造商开放延保服务对制造商和零售商都有利，此时制造商应该开放延保服务。当制造商的延保服务成本较大时，制造商开放延保服务不仅会降低自己的利润，而且会降低零售商的利润。虽然制造商开放延保服务未必能增加利润，但作为产品的生产者，向所有消费者提供延保服务对提高产品的售后服务水平和消费者的满意度具有重要的战略意义。现实中的大型制造商，由于生产的规模化效应，提供延保服务的效率较高，较早开放延保服务，比如华为和苹果，但也有部分制造商直到最近才开放延保服务，这类制造商一般是进入市场较晚的新兴企业。

制造商开放延保服务，零售商就要决定是否也开放延保服务。由于延保服务制造商单通和双通时零售商的利润过于复杂，难以获取零售商是否应该开放延保服务的清晰的解析条件，因此后续将用数值算例进一

步研究不同的延保服务开放策略下制造商和零售商的利润变化,进而研究制造商和零售商的延保服务开放策略。

第六节　零售商延保服务单通时的最优决策

以上讨论了延保服务不通、制造商单通和双通时制造商和零售商的最优决策。接下来,对以上三种情况进行拓展,研究在制造商未开放延保服务时,零售商要不要开放延保服务。现实中,对大型零售商,由于其规模较大,销售的产品种类较多,可以提供较高水平的延保服务,因此零售商也需要决定在制造商未开放延保服务时,要不要向购买制造商产品的消费者开放延保服务。本节研究零售商延保服务单通时的最优决策。

与第三节对制造商延保服务单通的讨论类似,可得当零售商延保服务单通时,制造商和零售商的延保服务需求分别为:

$$d_{m3}=(a-p_m+bp_r)\left[1-\frac{p_{em}-p_{er}}{\lambda(1-q_r)}\right]$$

$$d_{r3}=(a-p_r+bp_m)(1-\frac{p_{er}}{\lambda q_r})+(a-p_m+bp_r)\left[\frac{p_{em}-p_{er}}{\lambda(1-q_r)}-\frac{p_{er}}{\lambda q_r}\right]$$

以下构建供应链制造商和零售商的利润模型,当制造商未开放延保服务、零售商开放延保服务时,制造商作为领导者先决定产品批发价 w,零售商作为追随者根据 w 决定最优产品定价 p_r 和延保服务定价 p_{er}。

制造商的最优化问题如下:

$$\max_{w}\pi_{m3}=w(a-p_r+bp_m)+p_m(a-p_m+bp_r)+(p_{em}-c_m\lambda)$$
$$(a-p_m+bp_r)\left[1-\frac{p_{em}-p_{er}}{\lambda(1-q_r)}\right] \qquad (6.7)$$

(6.7)式中的第一项为制造商的产品批发利润,第二项为制造商的产品销售利润,第三项为制造商的延保服务销售利润。

零售商的最优化问题如下:

$$\max_{p_r,p_{er}}\pi_{r3}=(p_r-w)(a-p_r+bp_m)+(p_{er}-c_r\lambda q_r^2)\{(a-p_r+bp_m)$$

$$\left(1-\frac{p_{er}}{\lambda q_r}\right)+(a-p_m+bp_r)\left[\frac{p_{em}-p_{er}}{\lambda(1-q_r)}-\frac{p_{er}}{\lambda q_r}\right]\Big\} \tag{6.8}$$

(6.8)式中的第一项为零售商的产品销售利润,第二项为零售商的延保服务销售利润。

由于此种开放策略下零售商的利润函数较复杂,解析较繁杂,因此本章采用 Mathematica 软件进行数值计算,得出制造商和零售商的最优数值解和最大利润,后续将在数值算例部分继续研究零售商开放延保服务的条件。

第七节　算例分析

一、零售商延保服务水平对零售商和制造商开放延保服务的影响

因为制造商和零售商同时销售延保服务,零售商的延保服务水平 q_r 是影响竞争的一个重要因素,所以以下研究零售商的延保服务水平 q_r 对制造商和零售商的利润及延保服务开放策略的影响。基本参数的取值如下:产品市场基本需求 $a=12$,制造商产品定价 $p_m=6$,制造商延保服务定价 $p_{em}=0.3$,产品故障率 $\lambda=0.52$,零售商单位延保服务成本系数 $c_r=0.5$,由于制造商提供延保服务往往在产品原部件、技术、设备上比零售商更有优势,效率更高,因此假设制造商单位延保服务成本系数 $c_m=0.4$,消费者对竞争产品的价格敏感系数 $b=0.3$,由本章制造商和零售商的延保服务需求非负的假设可知,零售商的延保服务水平 q_r 需满足 $q_r \leqslant 0.8$,取 $0.2 \leqslant q_r \leqslant 0.8$。零售商的延保服务开放策略包括两个问题:一是当制造商开放延保服务时,零售商需不需要开放延保服务? 这时零售商需要比较延保服务制造商单通和延保服务双通时的利润。二是当制造商未开放延保服务时,零售商需不需要率先开放延保服务? 这时零售商需要比较延保服务不通和零售商单通时的利润。这两种情形下零售商的利润随 q_r 变化的图像分别如图 6.2 和图 6.3 所示。

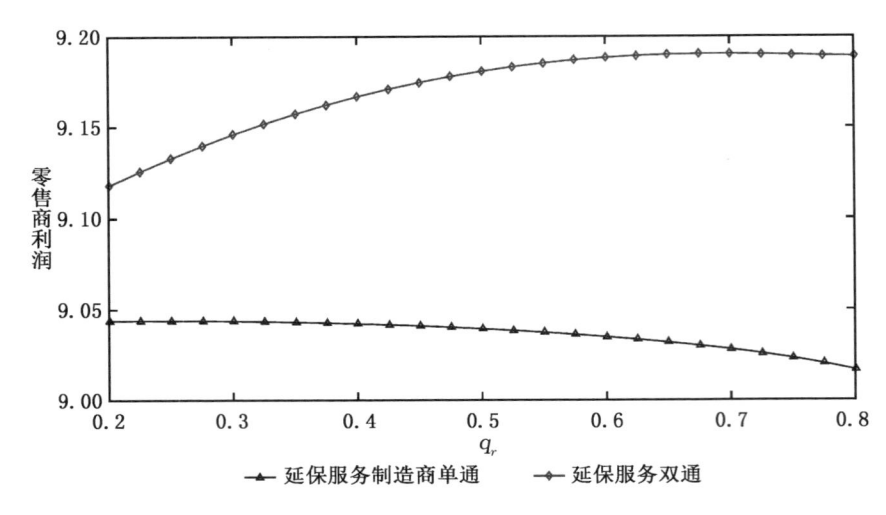

图 6.2　q_r 对延保服务双通和制造商单通时零售商利润的影响

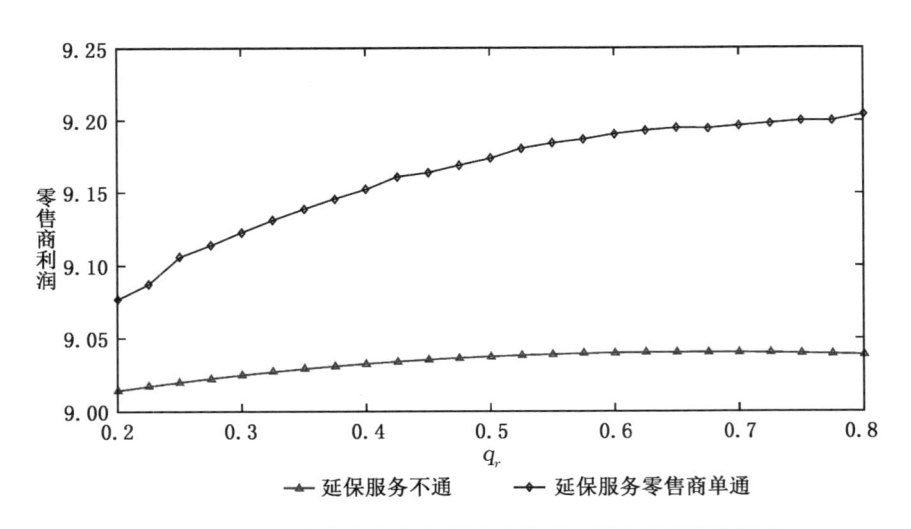

图 6.3　q_r 对延保服务不通和零售商单通时零售商利润的影响

图 6.2 表明,无论零售商的延保服务水平 q_r 如何变化,延保服务双通时零售商的利润均大于延保服务制造商单通时的利润,这说明当制造商开放延保服务时,零售商也应该开放延保服务。零售商的利润由产品利润和

延保服务利润两部分组成。由命题 6.1 可知，当制造商开放延保服务，零售商也开放延保服务，即延保服务双通时，制造商的产品批发价进一步降低，这直接导致零售商进货成本下降。由命题 6.4 可知，延保服务双通，即制造商开放延保服务，零售商的也开放延保服务时，零售商的产品边际利润增加，从而可能导致零售商的产品利润增加。由命题 6.5 可知，当制造商开放延保服务，零售商也开放延保服务，即延保服务双通时，零售商的延保服务定价并未降低，但这时由于零售商开放了延保服务，因此部分制造商的延保服务需求转移到零售商，从而零售商的延保服务利润增加。

虽然零售商延保服务单通时零售商的利润函数太复杂，我们无法得出其最大利润的解析表达式，但我们可以用 Mathematica 软件编程求出其最大利润的数值解。首先用 Mathematica 软件计算出零售商单通时最大利润的数值解，然后用 Matlab 软件同时绘制延保服务不通和延保服务零售商单通时零售商利润的图像如图 6.3 所示。其中，零售商延保服务单通时利润的图像为散点拟合图，如图 6.3 中较高的曲线所示。从图中不难发现，无论零售商的延保服务水平 q_r 如何变化，零售商开放延保服务总能增加自己的利润，所以当制造商未开放延保服务时，零售商应该开放自己渠道的延保服务。

综上可得以下结论：对零售商来说，无论零售商的延保服务水平 q_r 如何，也无论制造商是否开放延保服务，零售商都应该向购买制造商产品的消费者开放自己的延保服务。

接下来研究 q_r 对制造商利润以及制造商延保服务开放策略的影响。由图 6.2 和图 6.3 可知，无论制造商是否开放延保服务，零售商总会开放自己的延保服务。由于本书假设制造商和零售商的信息完全对称，因此，制造商会预见自己开放延保服务后零售商也会开放延保服务，那么制造商是否开放延保服务就取决于延保服务零售商单通和延保服务双通时自己的利润。也就是说，制造商需要决定在零售商开放延保服务的条件下，自己是否开放延保服务。q_r 对延保服务双通和零售商单通时制造商利润的影响如图 6.4 所示。

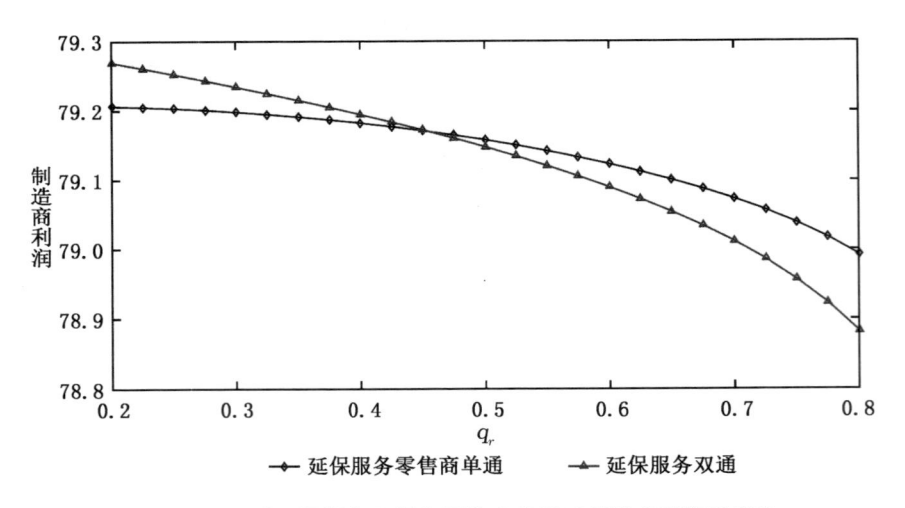

图 6.4 q_r 对延保服务双通和零售商单通时制造商利润的影响

从图 6.4 可见,延保服务双通和零售商单通时制造商的利润均随 q_r 的增加而降低。q_r 越高,零售商的延保服务水平越高,与制造商延保服务的竞争就越激烈,会导致制造商的延保服务利润受损,从而降低制造商的总利润。当 q_r 较低、$q_r \leqslant 0.45$、延保服务双通时,制造商的利润较大,即此时制造商应该选择开放延保服务。当 q_r 较低时,零售商的延保服务对制造商的延保服务的竞争力较小,这时制造商开放延保服务能吸引更多来自零售商渠道的延保服务需求,从而大幅增加延保服务利润,进一步使总利润增加。对小型零售商而言,厂房、设备、技术、人才方面往往受到限制,延保服务水平较低,这时制造商开放延保服务是有利可图的。结合图 6.2 和图 6.3 不难发现,当 $q_r \leqslant 0.45$、延保服务双通时,零售商和制造商的利润都增加,此时制造商和零售商都开放延保服务是双方的最优策略。而当 q_r 较高、$q_r > 0.45$ 时,制造商开放延保服务的利润反而更低,此时制造商不应该开放延保服务。当 $q_r > 0.45$ 时,零售商仍然会开放延保服务,而此时制造商应选择不开放延保服务。当 q_r 较高时,零售商的延保服务具有较强的竞争力,这时制造商的延保服务竞争力相对较弱。制造商开放延保服务使产品批发价下降,这时制造商开放延保服务,其利润增加的幅度不足以抵消产品批发利润下降的幅度,导致制造商总体利润下降。

综上,当零售商延保服务水平较低、$q_r \leqslant 0.45$ 时,制造商和零售商都应该开放延保服务;当零售商延保服务水平较高、$q_r > 0.45$ 时,制造商不应该开放延保服务,而零售商总是选择开放延保服务。

二、制造商延保服务成本对零售商和制造商延保服务开放策略的影响

以下研究制造商的延保服务成本 c_m 对制造商和零售商的利润及延保服务开放策略的影响,取零售商的延保服务水平 $q_r = 0.2$,故障率 $\lambda = 0.6$,其他基本参数的取值如算例一所述,由本章假设 $p_{em} \geqslant \lambda c_m$ 可得 $c_m \leqslant 0.5$,所以取 $0.4 \leqslant c_m \leqslant 0.5$。先研究零售商的延保服务开放策略,与算例一类似,零售商的延保服务开放策略包括两个问题:一是当制造商开放延保服务时,零售商需不需要开放延保服务?这时零售需要比较延保服务制造商单通和延保服务双通时的利润。二是当制造商未开放延保服务时,零售商需不需要开放延保服务?这时零售商需要比较延保服务不通和零售商单通时的利润。利用 Mathematica 和 Matlab 软件对零售商的利润进行仿真,结果分别如图 6.5 和图 6.6 所示。

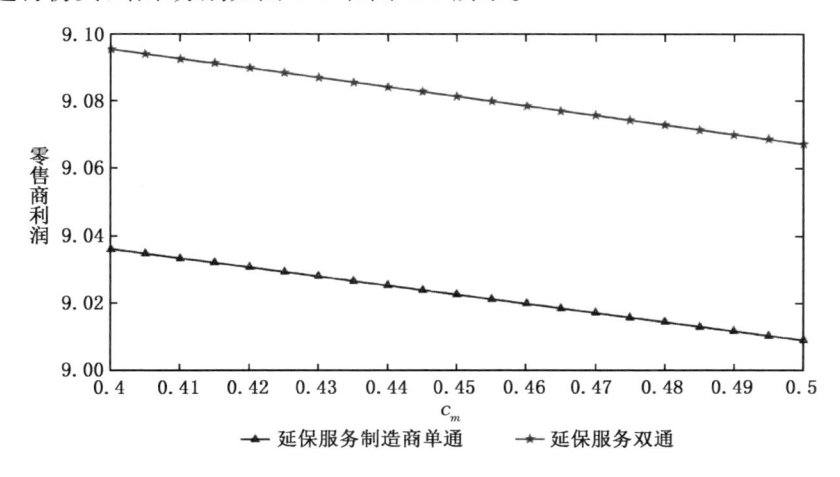

图 6.5 c_m 对延保服务双通和制造商单通时零售商利润的影响

图 6.5 表明,无论 c_m 如何变化,制造商开放延保服务后,零售商也开放延保服务总能增加自己的利润。这是因为零售商开放延保服务将使制造商产品的批发价进一步降低,使零售商产品的进货成本降低,从而增加产品的边际利润。零售商开放延保服务能吸引来自制造商渠道的延保服务需求,而零售商的延保服务零售价保持不变,使自己的延保服务利润增加。所以,当制造商开放延保服务时,零售商也一定会开放延保服务。

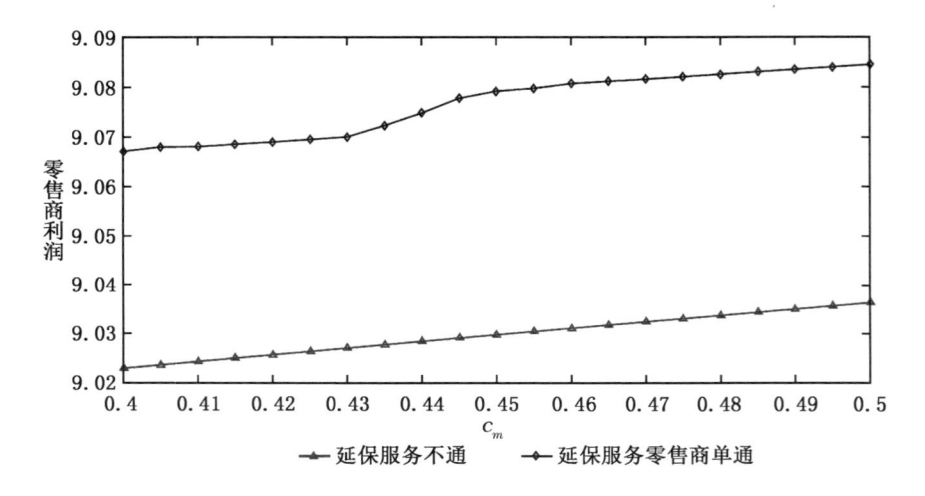

图 6.6　c_m 对延保服务不通和零售商单通时零售商利润的影响

图 6.6 为延保服务不通和零售商单通时零售商利润的图像,其中,延保服务零售商单通的图像为散点拟合图,为图中位置较高的图像。从图中可见,无论 c_m 如何变化,零售商开放延保服务的利润都显著大于不开放延保服务的利润,这说明制造商未开放延保服务时,零售商仍应该选择开放延保服务。

综合图 6.5 和图 6.6 的结论可以得到:对零售商来说,无论制造商是否开放延保服务,零售商都应该开放自己的延保服务。这与算例一的结论一致,即无论参数如何变化,零售商都应该开放自己的延保服务。这一结论在现实中也有所体现。在美国,最大的家电零售商百思买就是延保服务开放的典范,它对从制造商或其他渠道购买的产品一律提供延保服务，并且凭借延保服务获得了丰厚的利润。

接下来研究 c_m 对制造商利润以及制造商延保服务开放策略的影响。由图 6.5 和图 6.6 可知，无论制造商是否开放延保服务，零售商总会开放自己的延保服务，所以，制造商是否开放延保服务取决于延保服务零售商单通和延保服务双通时自己的利润。也就是说，制造商需要决定在零售商开放延保服务的条件下，自己是否开放延保服务。c_m 对制造商利润的影响如图 6.7 所示。

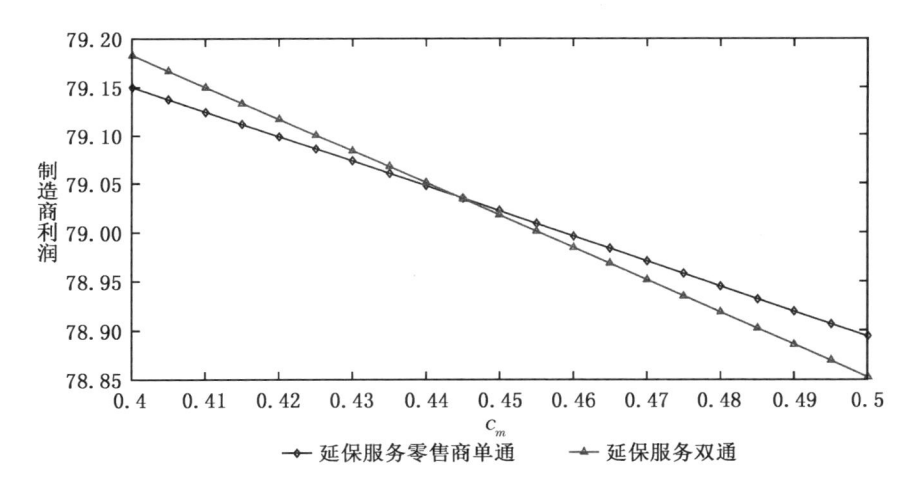

图 6.7 c_m 对延保服务双通和零售商单通时制造商利润的影响

图 6.7 表明，在零售商开放延保服务的情况下，当 $c_m \leqslant 0.445$ 时，制造商开放延保服务能增加自己的利润；当 $c_m > 0.445$ 时，制造商开放延保服务会降低自己的利润。所以，当 c_m 较小、$c_m \leqslant 0.445$ 时，制造商应该选择开放延保服务，而由于零售商总是会开放延保服务，因此，当 c_m 较小时，延保服务双通即制造商和零售商都开放延保服务是双方的最优延保服务开放策略。当 $c_m > 0.445$ 时，制造商不会开放自己的延保服务，而零售商仍然选择开放延保服务。制造商的利润由产品利润和延保服务利润两部分组成，制造商开放延保服务会降低产品批发价，导致产品批发的边际利润下降，所以可能导致产品利润下降；同时，制造商开放延保服务会

引起部分零售商延保服务需求转移到制造商,使制造商的延保服务利润增加。当制造商的延保服务成本较小时,由于增加的延保服务利润较大,因此此时制造商的总体利润增加;而当制造商的延保服务成本较大时,由于此时增加的延保服务利润较小,不足以弥补减少的产品利润,因此制造商的利润不增反减。

综上,当 $c_m \leqslant 0.445$ 时,制造商和零售商都开放延保服务是双方的最优延保服务开放策略,即此时延保服务双通是双方博弈的均衡。当 $c_m > 0.445$ 时,制造商不会开放延保服务,而零售商会选择开放延保服务。

第八节　本章小结

在向消费者销售耐用品的同时,提供基于产品的延保服务是商家吸引消费者、实现企业价值链的有效延伸、扩大利润的重要战略。延保服务依附于产品需求,也会反向对产品需求起作用,所以如何权衡产品和延保服务的关系,制定最优的产品定价和延保服务策略,是企业界和学术界密切关注的问题。本章研究了制造商和零售商同时提供延保服务时制造商和零售商的延保服务开放策略问题。按照制造商和零售商的延保服务是否向对方开放,将延保服务开放策略分为不通、制造商(零售商)单通和双通。不通是指消费者在制造商处购买产品后只能在制造商处购买延保服务,在零售商处购买产品后只能在零售商处购买延保服务;制造商(零售商)单通是指消费者在制造商(零售商)处购买产品后只能在制造商(零售商)处购买延保服务,在零售商(制造商)处购买产品后可在制造商(零售商)处购买延保服务;双通是指消费者无论在哪个渠道购买产品,均可在制造商或零售商处购买延保服务。构建了不同延保服务开放策略下制造商和零售商的延保服务需求函数,得到了制造商的最优产品批发价、零售商的最优产品定价和延保定价以及制造商和零售商的最大利润,并对不同的延保服务开放策略下制造商和零售商的最优定价和最大利润进行了对比分析,得到了制造商开放延保服务的条件以及对零售商利润的影响。

最后通过算例进一步研究了零售商的延保服务水平、制造商的延保服务成本对制造商和零售商的利润以及延保服务开放策略的影响。

本章主要的研究结论如下：

（1）制造商开放延保服务会使产品批发价降低，所以并不总能使利润增加；同时，零售商的延保服务定价降低，但当制造商的延保服务成本较大时，零售商的产品定价反而提高，所以零售商的利润未必受损，有时还会增加。

（2）当制造商开放延保服务时，零售商也开放延保服务会使制造商的产品批发价进一步降低，但延保服务定价不变，当制造商的延保服务成本较大时，零售商的产品定价反而提高。

（3）当制造商的延保服务成本较小时，制造商开放延保服务能同时增加自己和零售商的利润，反之，将同时降低自己和零售商的利润。

（4）数值算例表明，零售商总是偏好开放延保服务。当零售商的延保服务水平较低、制造商的延保服务成本较小时，制造商应开放延保服务。当零售商的延保服务水平较高、制造商的延保服务成本较大时，制造商不应该开放延保服务。当零售商的延保服务水平较低、制造商的延保服务成本较小时，制造商和零售商都开放延保服务是双方的最优延保服务开放策略。

第七章 总结与展望

随着制造企业向服务型制造转型发展,越来越多的制造商开始提供产品延保服务。随着互联网的快速发展,大型零售商迅速崛起,零售商也纷纷开始提供延保服务。由于延保服务依附于产品,产品和延保服务具有互补效应,因此延保服务的引入往往会影响产品的定价和渠道模式,反之,产品的定价和渠道模式也会影响延保服务的定价和渠道模式。当同时考虑产品市场和延保服务市场时,供应链产品、延保服务定价及渠道模式将更加复杂,制造商和零售商面临在不同的产品渠道结构下设计供应链延保服务渠道策略的问题。因此,本书主要基于不同的产品渠道结构研究单主体(制造商或零售商)提供延保服务以及双主体(制造商和零售商)同时提供延保服务时,供应链延保服务的提供、销售选择以及渠道开放等策略问题。本章是对本书研究内容的总结和概括,通过归纳整理本书的主要结论,分析本书研究的管理启示,并在此基础上对未来的研究工作进行展望。

第一节 管理启示

本书研究了供应链在不同的产品渠道下不同的延保服务渠道模式。首先研究了产品单渠道的情形下,单主体(制造商或零售商)提供延保服务时的延保服务渠道策略问题;接着研究了产品双渠道的情形下,单主体(制造商或零售商)提供延保服务时的延保服务渠道策略问题;然后研究了产品单渠道的情形下,双主体(制造商和零售商)同时提供延保服务时,延保服务竞争的延保服务销售策略问题;最后研究了产品双渠道的情形下,双主体(制造商和零售商)同时提供延保服务时,延保服务竞争时的延保服务开放策略问题。具体来说,本书的主要结论和管理启示如下:

一、产品单渠道的供应链延保服务渠道策略研究

基于产品质量对延保服务供应链的重要影响,将其作为内生变量,应用 Stackelberg 博弈方法,建立了无延保服务的基本模型、制造商提供延保服务的模型和零售商提供延保服务的模型,对各模型的求解结果进行了对比分析。最后用数值算例对模型中的参数进行了敏感性分析。

主要的研究结论和管理启示如下:

(1)供应链提供延保服务时的产品质量和产品需求较无延保服务时高。由于供应链提供延保服务时,产品质量越高,延保服务成本越低,因此供应链提供延保服务促进了产品质量的提高,增加了消费者的福利。

(2)当制造商和零售商的延保服务成本相等时,由零售商提供延保服务可以获得更高的产品质量、产品需求和延保服务需求。

(3)零售商和制造商都可以从对方提供延保服务中"搭便车"获利。

(4)算例研究表明,在大多数情况下由零售商提供延保服务,产品质量、产品需求和延保服务需求更高。对零售商来说,制造商和零售商的延保服务成本系数比、产品故障率和产品质量相关系数等决定了由哪一方提供延保服务更有利;对制造商来说,当其延保服务成本比零售商具有更大优势时,自己提供延保服务更有利,否则,由零售商提供延保服务更有利。

二、产品双渠道的供应链延保服务渠道策略研究

在上一个研究问题的基础上,将产品渠道由单渠道拓展为双渠道,应用 Stackelberg 博弈方法,建立产品双渠道情况下无延保服务的基本模型、制造商提供延保服务的模型和零售商提供延保服务的模型,对各模型的求解结果进行对比分析,并与产品单渠道情况下的结论进行对比分析。最后用数值算例对模型中的参数进行敏感性分析。

主要的研究结论和管理启示如下：

(1)当制造商提供延保服务时,会降低产品批发价,以期零售商也降低产品零售价,从而刺激更多产品需求,所以制造商提供延保服务对零售商有利。

(2)无论是制造商还是零售商提供延保服务,制造商和零售商均会降低各自渠道的产品零售价,即供应链提供延保服务会增加消费者福利。

(3)制造商或零售商提供延保服务均能增加供应链的产品需求,所以供应链提供延保服务能提高供应链系统的绩效。当零售商渠道更有吸引力时,由零售商提供延保服务,供应链的产品需求更大,延保服务需求也更大;当制造商渠道更有吸引力时,由制造商提供延保服务,供应链的产品需求更大,延保服务需求也更大。

(4)制造商和零售商提供延保服务都能增加自己的利润,且零售商和制造商都可以从对方提供延保服务中"搭便车"获利。对制造商来说,当制造商产品直销渠道更有吸引力时,自己提供延保服务更有利,否则,由零售商提供延保服务更有利。对零售商来说,算例研究表明,无论其渠道的吸引力如何,都由自己提供延保服务更有利。

三、延保服务竞争的供应链延保服务销售策略研究

考虑制造商和零售商同时提供延保服务时,制造商的延保服务双渠道销售策略和零售商的延保服务销售选择问题。应用 Stackelberg 博弈方法,建立制造商双渠道销售延保服务和零售商自营延保服务时的模型,对两个模型进行求解,并对求解结果进行对比分析。最后用数值算例对模型中的参数进行敏感性分析。

主要的研究结论和管理启示如下：

(1)制造商双渠道销售延保服务并不总能使利润增加,零售商自营延保服务也并不总是最优的。

(2)当消费者对延保服务价格较敏感时,制造商单渠道销售延保服务同时零售商自营延保服务是双方的最优延保服务销售策略;当消费者对

延保服务价格不敏感时,制造商双渠道销售延保服务同时零售商分销制造商的延保服务是双方的最优延保服务销售策略。

(3)当制造商的延保服务成本较小、零售商的延保服务成本较大时,制造商双渠道销售延保服务同时零售商分销制造商的延保服务是双方的最优延保服务销售选择策略;当制造商的延保服务成本较大、零售商的延保服务成本较小时,制造商单渠道销售延保服务同时零售商自营延保服务是双方的最优延保服务销售选择策略。

四、产品双渠道的供应链延保服务开放策略研究

考虑产品双渠道供应链,制造商和零售商分别在各自渠道销售相同的产品和不同的延保服务。按照制造商和零售商是否向购买对方产品的消费者开放延保服务,将延保服务开放策略分为不通、制造商(零售商)单通和双通。不通是指双方均不开放延保服务,制造商(零售商)单通是指制造商(零售商)开放延保服务,双通是指双方均开放延保服务。采用效用函数构建四种不同的延保服务开放策略下制造商和零售商的延保服务需求,研究制造商和零售商的延保服务开放策略。

主要的研究结论和管理启示如下:

(1)制造商开放延保服务会使产品批发价降低,所以并不总能使利润增加;同时,零售商的延保服务定价降低,但当制造商的延保服务成本较大时,零售商的产品定价反而增加,所以零售商的利润未必受损,有时还会增加。

(2)当制造商开放延保服务,零售商也开放延保服务时,会使制造商的产品批发价进一步降低,但延保服务的定价保持不变,当制造商的延保服务成本较大时,零售商的产品定价反而增加。

(3)当制造商的延保服务成本较小时,制造商开放延保服务能同时增加自己和零售商的利润,反之,将同时减少自己和零售商的利润。

(4)数值算例表明,零售商总是偏好开放延保服务。当零售商的延保服务水平较低、制造商的延保服务成本较小时,制造商应开放延保服务;

当零售商的延保服务水平较高、制造商的延保服务成本较大时,制造商不应该开放延保服务。当零售商的延保服务水平较低、制造商的延保服务成本较小时,制造商和零售商都应该开放延保服务。

第二节 未来展望

近年来,随着服务型制造的发展以及大型零售商的崛起,越来越多的制造商和零售商推出有偿延保服务以延伸企业的价值链,获取新的利润来源,延保服务也日益成为学术界的研究热点。对延保服务的研究涉及经济学、市场营销学、消费者行为学、战略管理以及运营管理等诸多领域。本书利用博弈论和优化理论对基于不同产品渠道结构和不同主体提供延保服务的供应链延保服务定价及渠道策略做了深入的定量研究,取得了一定的研究成果。不过,由于本书同时考虑产品市场和延保服务市场,且产品和延保服务独立定价,使得本书的研究问题比较复杂,且由于作者水平有限,因此在本书的研究中还存在一些局限性和不足之处,需要在未来的研究中进一步完善,主要包括以下几个方面:

第一,研究竞争环境下的延保服务渠道问题。本书对不同产品渠道和不同主体提供延保服务时的延保服务渠道进行研究时均考虑的是单一制造商和单一零售商,实际上,制造商往往通过多个零售商同时销售产品,零售商也往往销售多个制造商的竞争性产品,因此,引入制造商竞争或零售商竞争是可以拓展的研究方向之一。

第二,随机需求模型的构建。本书采用的产品需求函数和延保服务需求函数均是确定性的线性模型,虽然线性模型能显著简化计算的复杂性,但是由于现实环境的复杂性,需求还受到一些随机因素的影响,因此,为了更好地拟合现实环境,未来的研究可以进一步考虑随机需求模型。

第三,信息不对称模型的构建。本书的研究均假设供应链成员之间的信息是完全对称的。实际上,在延保服务供应链中,往往存在信息不对称的现象,比如消费者购买延保服务时并不知道延保服务水平,延保服务提供者也不了解消费者对产品的使用和保养水平,所以,未来可以考虑信息不对称时延保服务提供主体的延保服务水平,以及消费者对产品的保养水平,从道德风险的角度来分析和研究延保服务的定价和渠道问题。

第四,对再制造产品延保服务问题的研究。本书研究的都是新产品的延保服务渠道问题,没有考虑再制造产品的延保服务问题,且研究中也没有考虑在延保期内产品被退回后制造商的决策,后续的研究可以考虑再制造闭环供应链的延保服务问题。

我们希望通过对本书提出的未来研究方向的深入探讨,能够起到抛砖引玉的作用,为供应链制造商和零售商的延保服务提供更有效的借鉴。

参考文献

[1]陈远高,刘南.具有服务差异的双渠道供应链竞争策略[J].计算机集成制造系统,2010,16(11):2484-2489.

[2]但斌,肖剑,张旭梅.双渠道供应链的产品互补合作策略研究[J].管理工程学报,2011,25(3):162-166.

[3]但斌,徐广业,张旭梅.电子商务环境下双渠道供应链协调的补偿策略研究[J].管理工程学报,2012,26(1):125-130.

[4]邓力,赵瑞娟,郑建国,等.双渠道供应链质量信息披露策略[J].系统管理学报,2019,28(1):141-154.

[5]Gebauer H,王春芝.制造企业服务业务扩展及其认知因素研究[J].中国管理科学,2006,14(1):69-75.

[6]古川,罗峦.消费者质量识别对农产品供应链质量和价格决策的影响[J].管理评论,2016,28(12):225-234.

[7]郭亚军,赵礼强.基于电子市场的双渠道冲突与协调[J].系统工程理论与实践,2008,28(9):59-66.

[8]黄松,杨超,张曦.双渠道供应链中定价与合作广告决策模型[J].计算机集成制造系统,2011,17(12):2683-2692.

[9]霍艳芳,李思睿.考虑政府补贴的制造商再制造延保决策[J].工业工程与管理,2018,23(6):72-79.

[10]贾积身.按比例和免费保修策略下费用分析[J].管理工程学报,2004,18(2):103-104.

[11]简兆权,刘晓彦,李雷.基于海尔的服务型制造企业"平台+小微

企业"型组织结构案例研究[J].管理学报,2017(11):21—29.

[12]揭丽琳,刘卫东.基于使用可靠性区域粒度的产品保修期优化决策[J].计算机集成制造系统,2020,26(1):92—102.

[13]寇军.制造商与零售商同时提供延保的协调策略——基于产品服务供应链背景[J].华东经济管理,2016,30(7):140—145.

[14]李春发,崔鑫,周驰,米新新.批发和寄售模式下电商平台延保服务定时定价策略[J/OL].计算机集成制造系统,2022(9):1—14.

[15]李杰.供应链管理视角下产品延保模式选择与运营策略研究[D].江西财经大学博士学位论文,2013.

[16]李杰,柳键.基于需求敏感指数的供应链延保服务模式分析[J].控制与决策,2013,(7):1103—1108.

[17]李佩,陈静,张永芬.基于竞争性产品的零售商双渠道策略研究[J].管理工程学报,2018,32(1):178—185.

[18]李善民,曾昭灶.质量差异化与产品互补型企业兼并问题[J].管理科学学报,2003,6(6):54—60.

[19]李晓华.服务型制造与中国制造业转型升级[J].当代经济管理,2017,39(12):30—38.

[20]蔺雷,吴贵生.制造厂商服务增强的质量弥补:基于资源配置视角的实证研究[J].管理科学学报,2009,12(3):142—154.

[21]刘家国,周笛,刘咏梅,等."搭便车"行为影响下制造商渠道选择研究[J].系统工程学报,2014,29(6):813—823.

[22]刘运鑫,张继红,杨晓东.考虑成本的双渠道供应链延保问题研究[J].上海管理科学,2015,37(4):63—69.

[23]鲁其辉,朱道立.质量与价格竞争供应链的均衡与协调策略研究[J].管理科学学报,2009,12(3):56—64.

[24]卢震,王丽颖.按比例保修策略下多保修期差别定价研究[J].运筹与管理,2011,20(1):216—221.

[25]卢震,张剑.考虑质量成本的延保定价策略[J].东北大学学报

（自然科学版），2013，34（5）：744—747．

[26]罗美玲，李刚，孙林岩.具有服务溢出效应的双渠道供应链竞争[J].系统管理学报，2011，20（6）：648—657．

[27]马建华，艾兴政，潘燕春，杨雯.基于零售商延保服务的竞争性制造商两部定价合同决策[J].管理学报，2018，15（2）：301—308．

[28]马建华，艾兴政，唐小我.基于延保服务的竞争供应链纵向渠道结构选择[J].系统工程学报，2015，30（4）：539—552．

[29]聂佳佳，陈银平，石纯来.退款保证对制造商开通直销渠道的影响[J].软科学，2019，33（1）：91—97．

[30]聂佳佳，邓东方.产品质量影响延保成本下的延保外包策略[J].工业工程与管理，2014，19（3）：26—32．

[31]申成然，熊中楷，晏伟.网络比价行为下双渠道定价及协调策略研究[J].中国管理科学，2014，22（1）：84—93．

[32]孙永波.服务型制造的发展趋势与对策研究[J].产业创新研究，2020（2）：26—37．

[33]唐晓华，张欣钰，李阳.中国制造业与生产性服务业动态协调发展实证研究[J].经济研究，2018（3）：79—93．

[34]陶娜，张胜.基于双边道德风险的耐用消费品保修期[J].系统工程，2015，33（9）：142—146．

[35]童有好."互联网＋制造业服务化"融合发展研究[J].经济纵横，2015（10）：62—67．

[36]王素娟，胡奇英.基于延保服务吸引力指数的服务模式分析[J].计算机集成制造系统，2010，16（10）：2277—2284．

[37]王先甲，周亚平，钱桂生.生产商规模不经济的双渠道供应链协调策略选择[J].管理科学学报，2017，20（1）：17—31．

[38]王轩，刘丽文.考虑维修服务质量的产品质保联合决策[J].中国管理科学，2016，2（24）：47—55．

[39]肖迪，潘可文.基于收益共享契约的供应链质量控制与协调机制

[J].中国管理科学,2012,20(4):67-73.

[40]肖剑,但斌,张旭梅.双渠道供应链中制造商与零售商的服务合作定价策略[J].系统工程理论与实践,2010,30(12):2203-2212.

[41]谢家平,迟琳娜,梁玲.基于产品质量内生的制造/再制造最优生产决策[J].管理科学学报,2012,15(8):12-23.

[42]徐佳宾,孙晓谛.互联网与服务型制造:理论探索与中国经验[J].科学学与科学技术管理,2022,43(2):87-112.

[43]严帅,李四杰,卞亦文.基于质保服务的供应链契约协调机制[J].系统工程学报,2013,28(5):677-685.

[44]颜廷标.推动先进制造业和现代服务业深度融合[N].河北日报,2019-01-09.

[45]姚俊江.网络外部性下考虑延保服务的供应链博弈模型分析[D].暨南大学硕士学位论文,2014.

[46]姚树俊,陈菊红.考虑零售商竞争的产品售后服务能力运营策略研究[J].管理工程学报,2016,30(1):88-95.

[47]叶武,邵晓峰.产品质量保证的延保定价研究[J].西南民族大学学报·自然科学版,2012,38(6):1001-1006.

[48]易余胤,梁家密,谭燕菲.基于公平偏好的供应链延保服务模型研究[J].系统工程理论与实践,2017,37(12):3066-3078.

[49]易余胤,姚俊江.基于网络外部性的延保供应链模型研究[J].管理工程学报,2016,30(3):141-150.

[50]易余胤,姚俊江.考虑渠道权力结构的供应链延保服务模式[J].计算机集成制造系统,2015,21(12):3292-3302.

[51]易余胤,张永华,姚俊江.考虑网络外部性和渠道权力结构的供应链延保服务模式研究[J].管理工程学报,2018,32(3):92-104.

[52]岳娜.家电延长保修市场在中国的发展、问题与保险对策[D].对外经济贸易大学硕士学位论文,2010.

[53]郑本荣,杨超,杨珺,等.产品再制造、渠道竞争和制造商渠道入

侵[J].管理科学学报,2018,21(8):98—111.

[54]郑斌,卞亦文,牟立峰,严帅.两级供应链中延保服务与基础质保服务交互策略[J].中国管理科学,2018,26(6):85—94.

[55]郑晨.制造商提供延保服务下竞争型供应链合同机制设计[D].电子科技大学硕士学位论文,2018.

[56]张琪,高杰.竞争市场上保修期与价格的联合质量信号传递作用[J].中国管理科学,2018,26(7):71—83.

[57]张廷龙,梁樑,浦徐进.两阶段供应链关于有保修期产品生产补充策略[J].系统管理学报,2007,16(3):262—268.

[58]张旭梅,刘翔宇,伏红勇.基于服务水平的制造商延保服务销售渠道选择[J].工业工程,2012,15(6):44—49.

[59]张永芬.产品双渠道供应链延保服务模式[J].系统工程,2021,39(2):81—89.

[60]张永芬,李佩.基于延保竞争的零售商延保选择策略研究[J].重庆工商大学学报(自然科学版),2018,35(6):54—62.

[61]赵艳萍,秦小龙,罗建强.制造企业服务转型策略与能力匹配——基于海尔的案例分析[J].中国科技论坛,2018(8):111—118.

[62]Aggrawal D, Anand A, Singh O, et al. Profit maximization by virtue of price & warranty length optimization[J]. The Journal of High Technology Management Research,2014,25(1):1—8.

[63]Alqahtani A Y, Gupta S M. Warranty as a marketing strategy for remanufactured products[J]. Journal of Cleaner Production,2017(161):1294—1307.

[64]Anderson J C,Narus J A. Capturing the value of supplementary services[J]. Harvard Business Review,1995,73(1):75—83.

[65]Arnold U. New dimensions of outsourcing: a combination of transaction cost economics and the core competencies concept [J]. European Journal of Purchasing & Supply Management,2000,6(1):23—29.

[66] Balachandran K R, Radhakrishnan S. Quality implications of warranties in a supply chain[J]. Management Science, 2005, 51(8): 1266—1277.

[67] Bian Y W, Yan S, Zhang W, et al. Warranty strategy in a supply chain when two retailer's extended warranties bundled with the products [J]. Journal of Systems Science and Systems Engineering, 2015, 24(3): 364—388.

[68] Bouguerra S, Chelbi A, Rezg N. A decision model for adopting an extended warranty under different maintenance policies[J]. International Journal of Production Economics, 2012, 135(2): 840—849.

[69] Buera F J, Kaboski J P. The rise of the service economy[J]. American Economic Review, 2012, 102(6): 2540—2569.

[70] Cachon G P. Supply chain coordination with contracts[J]. Handbooks in Operations Research and Management Science, 2003(11): 227—339.

[71] Chang W L, Lin J. Optimal maintenance policy and length of extended warranty within the life cycle of products[J]. Computers & Mathematics with Applications, 2012, 63(1): 144—150.

[72] Chiang W K, Chhajed D, Hess J D. Direct marketing, indirect profits: a strategic analysis of dual-channel supply-chain design[J]. Management Science, 2003, 49(1): 1—20.

[73] Chiang W K. Product availability in competitive and cooperative dual-channel distribution with stock-out based substitution[J]. European Journal of Operational Research, 2010, 200(1): 111—126.

[74] Chen C K, Lo C C, Weng T C. Optimal production run length and warranty period for an imperfect production system under selling price dependent on warranty period[J]. European Journal of Operational Research, 2017, 259(2): 401—412.

[75] Chen T. An empirical investigation of consumer purchases and interoperable pricing of retailers' extended service contracts[D]. Doctor, Carnegie Mellon University, Pittsburgh, 2007.

[76] Chen X, Li L, Zhou M. Manufacturer's pricing strategy for supply chain with warranty period-dependent demand[J]. Omega, 2012, 40(6):807－816.

[77] Cohen M A, Whang S. Competing in product and service: a product life-cycle model[J]. Management Science,1997, 43(4):535－545.

[78] Cooper R, Ross T W. Product warranties and double moral hazard[J]. Rand Journal of Economics,1985,16 (1):103－113.

[79] Croom S R. The impact of e-business on supply chain management[J]. International Journal of Operations & Production Management, 2005, 25(1):55－73.

[80] Dai Y, Zhou S X, Xu Y. Competitive and collaborative quality and warranty management in supply chains[J]. Production and Operations Management, 2012,21(1) :129－144.

[81] Darghouth M N, Ait-Kadi D, Chelbi A. Joint optimization of design, warranty and price for products sold with maintenance service contracts[J]. Reliability Engineering and System Safety, 2017 (165): 197－208.

[82] Day E, Fox R J. Extended warranties, service contracts, and maintenance agreements—a marketing opportunity? [J]. Journal of Consumer Marketing,1985,2(4):77－86.

[83] Decroix G A. Optimal warranties, reliabilities and prices for durable goods in an oligopoly [J]. European Journal of Operational Research,1999, 112(3):554－569.

[84] Desai P S, Padmanabhan P. Durable goods, extended warranty and

channel coordination[J]. Review of Marketing Science,2004, 2(2):1—23.

[85]Dybvig P,Lutz N A. Warranties,durability,and maintenance: two-sided moral hazard in a continuous-time model[J]. Review of Economic Studies,1993,60(3):575—597.

[86]Esmaeili M, Shamsi Gamchi N, Asgharizadeh E. Three-level warranty service contract among manufacturer, agent and customer: a game-theoretical approach[J]. European Journal of Operational Research, 2014, 239(1):177—186.

[87]Gallego G , Wang R , Hu M, et al. No claim? Your gain: design of residual value extended warranties under risk aversion and strategic claim behavior [J]. Manufacturing & Service Operations Management, 2014, 17(1):87—100.

[88]Gallego G,Wang R,Ward J,et al. Flexible-duration extended warranties with dynamic reliability learning[J]. Production & Operations Management,2014,23(4):645—659.

[89]Geng Q, Mallik S. Inventory competition and allocation in a multi-channel distribution system[J]. European Journal of Operational Research, 2007, 182(2):704—729.

[90]Giri B C, Mondal C, Maiti T. Analysing a closed-loop supply chain with selling price, warranty period and green sensitive consumer demand under revenue sharing contract[J]. Journal of Cleaner Production, 2018(190):822—837.

[91]Grossman S J. The information role of warranties and private disclosure about product quality[J]. The Journal of Law and Economics, 1981,24(3):461—484.

[92]Glickman T S, Berger P D. Optimal price and protection period decisions for a product under warranty[J]. Management Science,1976, 22(12): 1381—1390.

[93] Guajardo J, Cohen M A, Netessine S. Service competition and product quality in the U. S. automobile industry[J]. Management Science, 2015,14(10):1−18.

[94] Hartman J C, Laksana K. Designing and pricing menus of extended warranty contracts[J]. Naval Research Logistics, 2009, 56(3): 199−214.

[95] Heal G K. Guarantees and risk sharing[J]. Review of Economic Studies,1977,44(3):549−560.

[96] Heese H. S. Retail strategies for extended warranty sales and impact on manufacturer base warranties [J]. Decision Sciences,2012,43(2):341−367.

[97] Howells J. Innovation and services: the combinatorial role of services in the knowledge-based economy[C]. International Conference on "New Trends and Challenges of Science And Technological Innovation in a Critical Era",2003.

[98] Hsiao L, Chen Y J. Strategic motive of introducing internet channels in a supply chain[J]. Production & Operations Management, 2012,23(1): 36−47.

[99] Huang Y S, Huang C D, Ho J W. A customized two-dimensional extended warranty with preventive maintenance[J]. European Journal of Operational Research,2017,257(3):971−978.

[100] Huysentruyt M, Read D. How do people value extended warranties? Evidence from two field surveys[J]. Journal of Risk & Uncertainty, 2010,40(3):197−218.

[101] Jack N, Murthy D N P. A flexible extended warranty and related optimal strategies[J]. The Journal of the Operational Research Society, 2007, 58(12):1612−1620.

[102] Jiang B, Zhang X. How does a retailer's service plan affect a man-

ufacturer's warranty?[J]. Management Science, 2011,57(4):727—740.

[103]Jindal P. Risk preferences and demand drivers of extended warranties[J]. Social Science Electronic Publishing, 2013, 60(1):273—276.

[104]Kaya M,Ozer O. Quality risk in outsouring: noncontractible product quality and private quality cost information[J]. Naval Research Logistics, 2009,56(7):669—685.

[105]Kelley C A, Conant J S. Extended warranties: consumer and manufacturer perceptions[J]. Journal of Consumer Affairs, 1991, 25(1):68—83.

[106]Kurata H, Nam S H. After-sales service competition in a supply chain: Optimization of customer satisfaction level or profit or both?[J]. International Journal of Production Economics, 2010, 127(1):136—146.

[107]Kurata H,Nam S H. After-sales service competition in a supply chain: does uncertainty affect the conflict between profit maximization and customer satisfaction?[J]. Internet Journal of Production Economics,2013, 144(1):268—280.

[108]Lam Y, Lam P K W. An extended warranty policy with options open to consumers[J]. European Journal of Operational Research, 2001, 131(3):514—529.

[109]Lee H, Cha J H, Finkelstein M. On information-based warranty policy for repairable products from heterogeneous population[J]. European Journal of Operational Research,2016,253(1): 204—215.

[110]Lei Y, Liu Q, Shum S. Warranty pricing with consumer learning[J]. European Journal of Operational Research,2017,263(2): 596—610.

[111]Li K,Mallik S,Chhajed D. Design of extended warranties in supply chains under additive demand[J]. Production and Operations

Management,2012,21(4):730—746.

[112]Liao B. Warranty as a competitive dimension for remanufactured products under stochastic demand[J]. Journal of Clear Production,2018 (198):511—519.

[113]Luo M,Wu S. A comprehensive analysis of warranty claims and optimal policies[J]. European Journal of Operational Research, 2019,276(1):144—159.

[114]Lutz N A. Warranties as signals under consumer moral hazard [J]. Rand Journal of Economics, 1989, 20(2):239—255.

[115]Lutz N A, Padmanabhan V. Warranties, extended warranties,and product quality[J]. Journal of Industrial Organization,1998,16 (4):463—493.

[116]Mai D T,Liu T M,Morris M D S,et al. Quality coordination with extended warranty for store-brand products[J]. European Journal of Operational Research,2017,256(2): 524—532.

[117]Mann D P, Wissink J P. Money-back contracts with double moral hazard[J]. Rand Journal of Economics, 1988, 19(2):285—292.

[118]Manna D K. Price-warranty length decision with Glickman-Berger model[J]. International Journal of Reliability and Safety,2008,2 (3):221—233.

[119]Maronick T J. Consumer perceptions of extended warranties [J]. Journal of Retailing and Consumer Services,2007,14(3):224—231.

[120]Moura M, Santana J M, Droguett E L, et al. Analysis of extended warranties for medical equipment: a Stackelberg game model using priority queues[J]. Reliability Engineering & System Safety,2017(168):338—354.

[121]Padmanabhan V. Usage heterogeneity and extended warranties [J]. Journal of Economics & Management Strategy, 1995,4(1):33—53.

[122]Park M, Pham H. Warranty cost analysis for k-out-of-n systems

with 2-D warranty[J]. IEEE Transactions on Systems,Man, and Cybernetics-Part A: Systems and Humans,2012,42(4):947—957.

[123]Podolyakina N. Estimation of the relationship between the products reliability, period of their warranty service and the value of the enterprise cost[J]. Procedia Engineering, 2017(178):558—568.

[124]Qin X U,Su Q,Huang S H. Extended warranty strategies for online shopping supply chain with competing suppliers considering component reliability[J]. Journal of Systems Science and Systems Engineering,2017,26(6):753—773.

[125]Sawhney M,Balasubramanian S,Krishnan V V. Creating growth with services[J]. Sloan Management Review,2004,46(4):34—43.

[126]Seyyed-Mahdi H M, Mohammadreza N, Mina N. Coordination of green quality and green warranty decisions in a two-echelon competitive supply chain with substitutable products[J]. Journal of Cleaner Production, 2018(196):961—984.

[127]Shahanaghi K, Noorossana R, Jalali-Naini S G, et al. Failure modeling and optimizing preventive maintenance strategy during two-dimensional extended warranty contracts[J]. Engineering Failure Analysis,2013, 28(3):90—102.

[128]Shafiee M, Chukova S. Maintenance models in warranty: a literature review[J]. European Journal of Operational Research, 2013, 229(3):561—572.

[129]Sieke M A,Seifert R W,Thonemann U W. Designing service level contracts for supply chain coordination[J]. Production & Operations Management, 2012, 21(4): 698—714.

[130]Soberman D A. Simultaneous signaling and screening with warranties[J]. Journal of Marketing Research,2003, 40(2):176—192.

[131]Spence A M . Consumer misperceptions, product failure and

producer liability[J]. Review of Economic Studies,1977, 44(3):561—572.

[132]Su C,Shen J. Analysis of extended warranty policies with different repair options[J]. Engineering Failure Analysis,2012(25):49—62.

[133]Tong P,Liu Z,Men F,et al. Designing and pricing of two-dimensional extended warranty contracts based on usage rate[J]. International Journal of Production Research,2014,52(21): 6362—6380.

[134] Vandermerwe S. How increasing value to customers improves business results[J]. MIT Sloan Management Review,2000,42(1):27—37.

[135]Viswanathan S. Competing across technology-differentiated channels:the impact of network externalities and switching costs[J]. Management Science, 2005, 51(3):483—496.

[136]Voss G B,Ahmed I. Extended warranties:a behavioral perspective [J]. Advances in Consumer Research,1992,19(1):879—886.

[137]Wei H,Vidyadhar K,Jayashanker M S. Managing the inventory of an item with a replacement warranty[J]. Management Science,2008,54(8): 1441—1452.

[138]Wiener J L. Are warranties accurate signals of product reliability? [J]. Journal of Consumer Research,1985, 12(2):245—250.

[139]Wu C C, Chou C Y, Huang C. Optimal price, warranty length and production rate for free replacement policy in the static demand market [J]. Omega, 2009, 37(1):29—39.

[140]Wu C C,Lin P C,Chou C Y. Determination of price and warranty length for a normal lifetime distributed product[J]. International Journal of Production Economics,2006,102(1):95—107.

[141]Wu S M, Longhurst P. Optimizing age-replacement and extended non-renewing warranty policies in lifecycle costing[J]. International Journal of Economic,2011(130):262—270.

[142] Xia Y, Gilbert S M. Strategic interactions between channel structure and demand enhancing services[J]. European Journal of Operational Research, 2007, 181(1):252—265.

[143] Xie W M, Jiang Z B, Zhao Y X, et al. Contract design for cooperative product service system with information asymmetry[J]. International Journal of Production Research, 2014, 52(6): 1658—1680.

[144] Yan R, Pei Z. Retail services and firm profit in a dual-channel market[J]. Journal of Retailing and Consumer Services, 2009, 16(4):306—314.

[145] Yao D Q, Liu J J. Competitive pricing of mixed retail and e-tail distribution channels[J]. Omega, 2005, 33(3):235—247.

[146] Ye Z S, Murthy D N P. Warranty menu design for a two-dimensional warranty[J]. Reliability Engineering & System Safety, 2016(155):21—29.

附 录

1. 定理 3.1 的证明

证明:用逆向归纳法求解。

求解零售商的最优决策。零售商利润函数 π_r^B 对 p 求一阶和二阶导数,得到 $\dfrac{\mathrm{d}\pi_r^B}{\mathrm{d}p}=a-2p+w+bq$、$\dfrac{\mathrm{d}^2\pi_r^B}{\mathrm{d}p^2}=-2<0$。令 $\dfrac{\mathrm{d}\pi_r^B}{\mathrm{d}p}=0$,可得 $p^B=\dfrac{a+w+bq}{2}$。

求解制造商的最优决策。制造商利润函数 π_m^B 对 w 和 q 求一阶和二阶偏导数,得到 $\dfrac{\partial \pi_m^B}{\partial w}=\dfrac{a+bq-2w}{2}$、$\dfrac{\partial \pi_m^B}{\partial q}=\dfrac{bw-2kq}{2}$。构造制造商海塞矩阵 $H_1=\begin{bmatrix}-1 & \dfrac{b}{2} \\ \dfrac{b}{2} & -k\end{bmatrix}$,根据海塞矩阵 H_1 判定,当 $4k-b^2>0$ 时,H_1 负定,制造商利润函数存在最优解,可求得制造商的最优决策为 $q^{B^*}=\dfrac{ab}{4k-b^2}$、$w^{B^*}=\dfrac{2ak}{4k-b^2}$,将制造商最优解 q^{B^*} 和 w^{B^*} 代入 p^B,得到零售商最优产品定价为 $p^{B^*}=\dfrac{3ak}{4k-b^2}$。将最优解 w^{B^*}、p^{B^*} 和 q^{B^*} 分别代入(3.1)式和(3.2)式,就可以得到制造商和零售商的利润如定理 3.1 的结果。

证毕!

2. 定理 3.2 的证明

证明:用逆向归纳法求解。

求解零售商的最优决策。零售商利润函数 π_r^M 对 p 求一阶和二阶导数,得到 $\dfrac{d\pi_r^M}{dp}=a-2p+w+bq$、$\dfrac{d^2\pi_r^M}{dp^2}=-2<0$。令 $\dfrac{d\pi_r^M}{dp}=0$,得到零售商的产品定价为 $p^M=\dfrac{a+w+bq}{2}$。

求解制造商的最优决策。制造商利润函数 π_m^M 对 q、w 和 p_e 求偏导数,得到 $\dfrac{\partial\pi_m^M}{\partial q}=\dfrac{(b-\beta c_m)w+(b-2\theta\beta c_m)p_e+(2b\beta c_m-2k)q+(a\beta-b)c_m}{2}$、$\dfrac{\partial\pi_m^M}{\partial w}=\dfrac{a+c_m}{2}+\dfrac{-2w-p_e+(b-\beta c_m)q}{2}$、$\dfrac{\partial\pi_m^M}{\partial p_e}=\dfrac{a-w-4\theta p_e+(b-2\theta\beta c_m)q+2\theta c_m}{2}$。

构造制造商海塞矩阵 $H_2=\begin{bmatrix} -1 & -\dfrac{1}{2} & \dfrac{b-\beta c_m}{2} \\ -\dfrac{1}{2} & -2\theta & \dfrac{b}{2}-\theta\beta c_m \\ \dfrac{b-\beta c_m}{2} & \dfrac{b}{2}-\theta\beta c_m & b\beta c_m-k \end{bmatrix}$,根据海塞矩阵 H_2 判定,当 $-k(8\theta-1)+2\theta(b^2+b\beta c_m+2\beta^2 c_m^2)<0$ 时,H_2 负定,制造商利润函数存在最优解。可求得制造商最优产品批发价 w^{M^*}、产品质量 q^{M^*} 及延保服务定价 $p_e^{M^*}$ 为定理 3.2 的结果。将制造商最优解 q^{M^*} 和 w^{M^*} 代入 p^M,得到零售商最优产品定价 p^{M^*} 如定理 3.2 所示。

将上述得到的最优解分别代入(3.3)式和(3.4)式,就可以得到制造商和零售商的最大利润为定理 3.2 的结果。

证毕!

3. 定理 3.3 的证明

证明:用逆向归纳法求解。

求解零售商的最优决策。零售商利润函数 π_r^R 对 p 和 p_e 求一阶偏导数,得到 $\dfrac{\partial\pi_r^R}{\partial p}=a-2p+bq+w-p_e+c_r(1-\beta q)$、$\dfrac{\partial\pi_r^R}{\partial p_e}=a-p+bq-2\theta p_e+\theta c_r(1-\beta q)$。构造零售商海塞矩阵 $H_3=\begin{bmatrix} -2 & -1 \\ -1 & -2\theta \end{bmatrix}$,当 $4\theta-1>$

0 时,H_3 负定,零售商利润函数 π_r^R 关于 p 和 p_e 存在最优解。令 $\dfrac{\partial \pi_r^R}{\partial p}=0$、$\dfrac{\partial \pi_r^R}{\partial p_e}=0$,得到零售商产品定价和延保服务定价分别为 $p^R = \dfrac{a(2\theta-1)+2\theta w+\theta c_r+q[(2\theta-1)b-\beta\theta c_r]}{4\theta-1}$ 和 $p_e^R = \dfrac{c_r(2\theta-1)-w}{4\theta-1} + \dfrac{a+q[b-(2\theta-1)\beta c_r]}{4\theta-1}$。

求解制造商的最优决策。制造商利润函数分别对 w 和 q 求一阶偏导数,得到 $\dfrac{\partial \pi_m^R}{\partial w} = \dfrac{\theta[2a-4w-c_r+q(2b+\beta c_r)]}{4\theta-1}$、$\dfrac{\partial \pi_m^R}{\partial q} = \dfrac{w(2b\theta+\theta\beta c_r)-kq(4\theta-1)}{4\theta-1}$。构造制造商海塞矩阵 $H_4 = \begin{bmatrix} \dfrac{-4\theta}{4\theta-1} & \dfrac{\theta(2b+\beta c_r)}{4\theta-1} \\ \dfrac{\theta(2b+\beta c_r)}{4\theta-1} & -k \end{bmatrix}$,当 $4k(4\theta-1)-\theta(2b+\beta c_r)^2>0$ 时,H_4 负定,制造商利润函数 π_m^R 关于 w 和 q 存在最优解。令 $\dfrac{\partial \pi_m^R}{\partial w}=0$、$\dfrac{\partial \pi_m^R}{\partial q}=0$,可求得制造商最优产品质量 q^{R*} 和批发价 w^{R*} 为定理 3.3 中的结果。将 q^{R*} 和 w^{R*} 代入 p^R 和 p_e^R,得到零售商最优产品定价 p^{R*} 和最优延保服务定价 p_e^{R*} 如定理 3.3 所示。

将最优解 q^{R*}、w^{R*} 和 p^{R*} 代入(3.5)式,将 q^{R*}、w^{R*}、p^{R*} 和 p_e^{R*} 代入(3.6)式,就可以得到制造商和零售商最大利润为定理 3.3 的结果。

证毕!

4. 命题 3.1 的证明

证明:以 R 模式为例来证明。

$$\dfrac{dq^{R*}}{db} = \dfrac{2\theta(2a-c_r)[4k(4\theta-1)-\theta(2b+\beta c_r)^2+2\theta(2b+\beta c_r)]}{[4k(4\theta-1)-\theta(2b+\beta c_r)^2]^2} > 0,$$

$$\dfrac{dq^{R*}}{dk} = \dfrac{-4\theta(4\theta-1)(2a-c_r)(2b+\beta c_r)}{[4k(4\theta-1)-\theta(2b+\beta c_r)^2]^2} < 0,$$

$$\frac{\mathrm{d}q^{R^*}}{\mathrm{d}a} = \frac{2\theta(2b+\beta c_r)[4k(4\theta-1)-\theta(2b+\beta c_r)^2]}{[4k(4\theta-1)-\theta(2b+\beta c_r)^2]^2} > 0,$$

$$\frac{\mathrm{d}q^{R^*}}{\mathrm{d}\theta} = \frac{-4k(2a-c_r)(2b+\beta c_r)}{[4k(4\theta-1)-\theta(2b+\beta c_r)^2]^2} < 0,$$

$$\frac{\mathrm{d}q^{R^*}}{\mathrm{d}\beta} = \frac{4k(4\theta-1)-\theta(2b+\beta c_r)^2 + 2\theta(2a-c_r)(2b+\beta c_r)}{[4k(4\theta-1)-\theta(2b+\beta c_r)^2]^2} > 0。$$

同理，在 B 模式和 M 模式中也有上述结论。

证毕！

5. 命题 3.2 的证明

证明：

先证明(1)的结论。$q^{R^*} - q^{B^*} = \frac{\mu}{(4k-b^2)I_2}$，其中，$I_2$ 如定理 3.3 中所定义，$\mu = ab\theta c_r^2 \beta^2 + 4k\theta\beta c_r(2a-c_r) + 2a\theta\beta c_r b^2 + 4abk - 8kb\theta c_r + 2\theta c_r b^3 + \theta\beta^2 c_r^2$，则判断 $q^{R^*} - q^{B^*}$ 的正负等价于判断 μ 的正负，由 $2a > c_r$ 得到 $4k\theta\beta c_r(2a-c_r) > 0$，由 R 模式下延保需求 $d^{R^*} > 0$ 得到 $2ak > 8k\theta c_r - kc_r - 2c_r\theta b^2 - b\theta\beta c_r^2 - 2ab\theta\beta c_r - a\theta\beta^2 c_r^2$，所以 $4abk > 16bk\theta c_r - 2kbc_r - 4c_r\theta b^3 - 2\theta\beta b^2 c_r^2 - 4a\theta\beta c_r b^2 - 2ab\theta\beta^2 c_r^2$，将其代入 μ，得到 $\mu > 8bk\theta c_r - 2kbc_r - 2c_r\theta b^3 - \theta\beta b^2 c_r^2 - 2a\theta\beta c_r b^2 - ab\theta\beta^2 c_r^2$。由 R 模式 $0 < 1-\beta q^{R^*} < 1$ 得到 $8k\theta > 2k + 2\theta b^2 + 2ab\theta\beta + b\theta\beta c_r + a\theta\beta^2 c_r$，代入 $8k\theta bc_r$，得到 $\mu > 0$，即 $q^{R^*} > q^{B^*}$。

比较 q^{M^*} 和 q^{B^*} 的大小，$q^{M^*} - q^{B^*} = \frac{\gamma}{(4k-b^2)I_1}$，其中，$I_1$ 如定理 3.2 中所定义，$\gamma = 4ak\theta\beta c_m + kab + 4\beta b^2\theta^2 c_m^2 + a\theta c_m\beta b^2 + \theta c_m b^3 + 4ab\beta^2\theta^2 c_m^2 - 4kb\theta c_m - 16k\beta\theta^2 c_m^2$，则判断 $q^{M^*} - q^{B^*}$ 的正负等价于判断 γ 的正负，由 M 模式下延保需求 $d^{M^*} > 0$ 得到 $ak \geqslant 4k\theta c_m - \theta c_m b^2 - ab\beta\theta c_m$，则 $abk \geqslant 4k\theta bc_m - \theta c_m b^3 - a\beta\theta c_m b^2$，所以 $\gamma \geqslant 4\theta\beta c_m(ak - 4k\theta c_m + \theta c_m b^2 + ab\beta\theta c_m)$，可得 $\gamma \geqslant 0$，即 $q^{M^*} \geqslant q^{B^*}$。

再证明(2)的结论。假设 $c_m = c_r = c$、$q^{R^*} - q^{M^*} = \frac{\varphi}{I_1 I_2}$，其中，$I_1$ 如

定理 3.2 中所定义，I_2 如定理 3.3 中所定义，$\varphi = 4kab - 16ab\theta^2\beta^2c^2 - 2kbc + 2\theta\beta b^2c^2 + b\theta\beta^2c^3 + k\beta c^2 + 2ak\beta c + a\theta\beta^3c^3 + 64k\theta^2c^2 - 24k\theta c^2 - 8b\theta^2\beta^2c^3 - 8a\theta^2\beta^3c^3$，判断 $q^{R^*} - q^{M^*}$ 的正负等价于判断 φ 的正负。由（1）的证明可得 $64k\beta\theta^2c^2 > 16k\theta\beta c^2 + 16\beta^2c^2\theta^2 + 16ab\theta^2\beta^2c^2 + 8b\theta^2\beta^2c^3 + 8a\theta^2\beta^3c^3$，代入 φ，可得 $\varphi > 4kab + 2\theta\beta b^2c^2 + k\beta c^2 + b\theta\beta^2c^3 + 2akc\beta + a\theta\beta^3c^3 + 16\beta^2c\theta^2 - 8k\theta\beta c^2 - 2kbc$。由（1）的证明得到 $2ak\beta c \geqslant 8k\beta\theta c^2 - 2\theta\beta^2c^2 - 2ab\theta\beta^2c^2$，由 M 模式下产品需求 $D^{M^*} > 0$ 可得 $2ak \geqslant kc + b\theta\beta c^2 + a\theta\beta^2c^2$，于是 $4abk \geqslant 2bkc + 2\theta\beta b^2c^2 + 2ab\theta\beta^2c^2$，则 $\varphi > b\theta\beta^2c^3 + 16\beta^2c^2\theta^2 + 2\theta\beta b^2c^2 + a\theta\beta^3c^3 + k\beta c^2 > 0$，即 $q^{R^*} > q^{M^*}$。

证毕！

6. 命题 3.3 的证明

证明：

证明（1）的结论。$p^{R^*} - p^{B^*} = \dfrac{\Delta_1}{(4k-b^2)I_2}$，其中，$I_2$ 如定理 3.3 中所定义，Δ_1 如命题 3.3 中所定义，讨论 Δ_1 的正负，即可得出（1）的结论。

证明（2）的结论。$p^{M^*} - p^{B^*} = \dfrac{\Delta_2}{(4k-b^2)I_1}$，其中，$I_1$ 如定理 3.2 中所定义，Δ_2 如命题 3.3 中所定义，讨论 Δ_2 的正负，即可得出（2）的结论。

证明（3）的结论。$p^{R^*} - p^{M^*} = \dfrac{\Delta_3}{I_1 I_2}$，其中，$\Delta_3$ 如命题 3.3 中所定义，讨论 Δ_3 的正负，即可得出（3）的结论。

证明（4）的结论。$p_e^{R^*} - p_e^{M^*} = \dfrac{\Delta_4}{I_1 I_2}$，其中，$\Delta_4$ 如命题 3.3 中所定义，讨论 Δ_4 的正负，即可得出（4）的结论。

证毕！

7. 命题 3.4 的证明

证明：

证明（1）的结论。$D^{M^*} - D^{B^*} = \dfrac{\varepsilon}{(4k-b^2)I_1}$，其中，$\varepsilon = ak^2 + k\theta c_m b^2 +$

$\beta\theta^2 c_m^2 b^3 - 4\theta c_m k^2 + 2akb\beta\theta c_m + a\beta^2 b^2 \theta^2 c_m^2 - 4kb\beta\theta^2 c_m^2$,$I_1$ 如定理 3.2 中所定义,则判断 $D^{M^*} - D^{B^*}$ 的符号等价于判断 ε 的符号,因为 $ak^2 \geqslant 4\theta c_m k^2 - k\theta c_m b^2 - kab\beta\theta c_m$,所以 $\varepsilon \geqslant b\beta\theta c_m (ak - 4\theta c_m k + \theta c_m b^2 + ab\beta\theta c_m) \geqslant 0$,即 $D^{M^*} \geqslant D^{B^*}$。

$D^{R^*} - D^{B^*} = \dfrac{\rho}{(4k - b^2) I_2}$,其中,$\rho = 4ak - 8k\theta c_r + 2\theta c_r b^2 + 4ab\beta c_r + a\beta^2 c_r^2$,$I_2$ 如定理 3.3 中所定义,由前述证明可得 $\rho > 8k\theta c_r - 2kc_r - 2\theta c_r b^2 - 2b\beta\theta c_r^2 - a\theta c_r^2 \beta^2 > b\beta\theta c_r (2a - c_r) > 0$,所以 $D^{R^*} > D^{B^*}$。

证明(2)的结论。$D^{R^*} - D^{M^*} = \dfrac{\tau}{I_1 I_2}$,其中,$\tau = 16kb\beta c^2 \theta^2 + 8k\theta^2 \beta^2 c^3 - 2ck(k + a\theta c\beta^2) - 4bc\theta\beta [kc + c\theta b^2 + bc\theta\beta(1+a) + a\theta c^2 \beta^2] + 4ak^2 - \theta\beta^2 c^3 (k + \theta b\beta c + a\theta c\beta^2)$,则判断 $D^{R^*} - D^{M^*}$ 的符号等价于判断 τ 的符号。由于 $8k\theta^2 \beta^2 c^3 > 2k\theta\beta^2 c^3 + 2\theta^2 \beta^2 b^2 c^3 + 2ab\theta^2 \beta^3 c^3 + b\theta^2 \beta^3 c^4 + a\theta^2 \beta^4 c^4$,由 M 模式中 $0 < 1 - \beta q^{M^*} < 1$ 得到 $8k\theta > 2ab\theta\beta + k + 2\theta b^2 + b\theta\beta c + a\theta c\beta^2$,因此 $16kb\beta c^2 \theta^2 > 2bc\theta\beta [kc + 2\theta cb^2 + \theta b\beta c(2a + c) + a\theta\beta^2 c^2]$;又由于 $4ak^2 \geqslant 2ck^2 + 2kb\theta\beta c^2 + 2ak\theta\beta^2 c^2$,代入 τ 得到 $\tau > k\theta\beta^2 c^3 > 0$,即 $D^{R^*} > D^{M^*}$。结合(1)的结论,有 $D^{R^*} > D^{M^*} \geqslant D^{B^*}$。

比较 d^{R^*} 和 d^{M^*},$d^{R^*} - d^{M^*} = \dfrac{\omega}{I_1 I_2}$,其中,$\omega = 8kb\beta\theta^2 c^2 + 2ak^2 - 2a\beta^2 \theta^2 c^2 (b^2 + 2\beta^2 c^2) + b\beta\theta c (2ak - 3kc - 2\theta c b^2 - b\beta\theta c^2 - a\theta\beta^2 c^2 - 4\theta^2 \beta^2 c^3) - ck^2 - 8\beta^2 \theta^2 c^2 (kc + \theta b^2 + ab\theta c\beta) + 32k\beta^2 \theta^3 c^3$,则判断 $d^{R^*} - d^{M^*}$ 的正负等价于判断 ω 的正负,将 $8k\theta > 2k + 2\theta b^2 + 2ab\theta\beta + b\theta\beta c_r + a\theta\beta^2 c_r$ 分别代入 ω 中的 $8kb\beta\theta^2 c^2$ 和 $32k\beta^2 \theta^3 c^3$,$2ak \geqslant kc + b\theta\beta c^2 + a\theta\beta^2 c^2$ 代入 ω 中的 $2ak^2$,就可以得到 $\omega > ack\theta\beta(2b + c\beta) > 0$,即 $d^{R^*} > d^{M^*}$。

证毕!

8. 定理 3.4 的证明

证明:

比较 M 模式与 B 模式下零售商最大利润,由 $\pi_r^{M^*}$ 和 $\pi_r^{B^*}$ 的表达式可知,判断 $\pi_r^{M^*} - \pi_r^{B^*}$ 的正负等价于判断 $\sqrt{\pi_r^{M^*}} - \sqrt{\pi_r^{B^*}}$ 的正负,$\sqrt{\pi_r^{M^*}} - \sqrt{\pi_r^{B^*}} = \dfrac{\varphi}{(4k-b^2)I_1}$,其中,$I_1$ 如定理 3.2 中所定义,$\varphi = (a\beta^2 b^2 + \beta b^3 - 4kb\beta)\delta^2 + (kb^2 - 4k^2 + 2abk\beta)\delta + ak^2 = (b\beta\delta + k)[(ab\beta + b^2 - 4k)\delta + ak]$,其中,$\delta = \theta c_m$,由 $ak \geqslant 4k\theta c_m - \theta c_m b^2 - ab\beta\theta c_m$ 可得 $\varphi = [(ab\beta + b^2 - 4k)\theta c_m + ak](b\beta\theta c_m + k) \geqslant 0$,即 $\pi_r^{M^*} \geqslant \pi_r^{B^*}$。

比较 R 模式与 B 模式下制造商的最大利润,$\pi_m^{R^*} - \pi_m^{B^*} = \dfrac{kv}{2(4k-b^2)I_2}$,其中,$I_2$ 如定理 3.3 中所定义,$v = 4a\theta c_r b^2 + 4k\theta c_r^2 + 4ka^2 + 4b\theta\beta c_r a^2 + \theta a^2 \beta^2 c_r^2 - \theta b^2 c_r^2 - 16a\theta k c_r$,由 $ak \geqslant 4k\theta c_m - \theta c_m b^2 - ab\beta\theta c_m$ 和 $c_m \geqslant c_r$ 可得 $4ka^2 \geqslant 16a\theta k c_r - 4a\theta c_r b^2 - 4b\theta\beta c_r a^2$,所以 $v \geqslant (4k + a^2\beta^2 - b^2)\theta c_r^2 > 0$,即 $\pi_m^{R^*} > \pi_m^{B^*}$。

证毕!

9. 定理 4.1 的证明

证明:用逆向归纳法求解。

求零售商的最优决策。为方便起见,令 $k = 1 - b$,零售商利润函数 π_r^B 对 p_r 求导数,得到 $\dfrac{\mathrm{d}\pi_r^B}{\mathrm{d}p_r} = as - 2p_r + (1-k)p_m + w$,$\pi_r^B$ 对 p_r 求二阶导数,得到 $\dfrac{\mathrm{d}^2\pi_r^B}{\mathrm{d}p_r^2} = -2 < 0$,所以零售商利润函数 π_r^B 关于 p_r 有唯一最优解。令 $\dfrac{\mathrm{d}\pi_r^B}{\mathrm{d}p_r} = 0$,得到 $p_r = \dfrac{as + (1-k)p_m + w}{2}$。

求解制造商的最优决策。制造商利润函数 π_m^B 分别对 w 和 p_m 求一阶偏导数,得到 $\dfrac{\partial \pi_m^B}{\partial w} = \dfrac{as + 2(1-k)p_m - 2w}{2}$、$\dfrac{\partial \pi_m^B}{\partial p_m} = \dfrac{2(1-k)w + 2[(1-k)^2 - 2]p_m + 2a - as - kas}{2}$。构造制造商海塞矩阵 $H_5 = \begin{bmatrix} -1 & 1-k \\ 1-k & (1-k)^2 - 2 \end{bmatrix}$。由于 H_5 负定,因此可知制造商利润函数

π_m^B 关于 w 和 p_r 有最优解。分别令 $\frac{\partial \pi_m^B}{\partial w}=0$、$\frac{\partial \pi_m^B}{\partial p_m}=0$，得到制造商最优解为 $w^{B^*}=\frac{a(1-k+ks)}{2(2k-k^2)}$、$p_m^{B^*}=\frac{a(1-ks)}{2(2k-k^2)}$。将 w^{B^*} 和 $p_m^{B^*}$ 代入 $p_r=\frac{as+(1-k)p_m+w}{2}$，得到零售商最优解如定理 4.1 所示。再由（4.1）式和（4.2）式可得制造商和零售商的最大利润。

证毕！

10. 定理 4.2 的证明

证明：用逆向归纳法求解。

求解零售商的最优决策。零售商利润函数 π_r^M 对 p_r 求一阶和二阶导数，得到 $\frac{\mathrm{d}\pi_r^M}{\mathrm{d}p_r}=as-2p_r+(1-k)p_m+w$、$\frac{\mathrm{d}^2\pi_r^B}{\mathrm{d}p_r^2}=-2<0$。所以零售商利润函数 π_r^M 关于 p_r 有唯一最优解。令 $\frac{\mathrm{d}\pi_r^M}{\mathrm{d}p_r}=0$，得到 $p_r=\frac{as+(1-k)p_m+w}{2}$。

求解制造商最优决策。制造商利润函数 π_m^M 分别对 w、p_m 和 p_e 求一阶偏导数，得到 $\frac{\partial \pi_m^M}{\partial w}=\frac{as+2(1-k)p_m-2w-kp_e+kc_m}{2}$、$\frac{\partial \pi_m^M}{\partial p_m}=\frac{2(1-k)w+2[(1-k)^2-2]p_m}{2}+\frac{(k^2-3k)(p_e-c_m)+2a-as-kas}{2}$、$\frac{\partial \pi_m^M}{\partial p_e}=\frac{2\theta c_m+(k^2-3k)p_m+2a-4\theta p_e-kas-kw}{2}$。构造制造商海塞矩阵 $H_6=\begin{bmatrix} -1 & 1-k & -\frac{k}{2} \\ 1-k & (1-k)^2-2 & \frac{k^2-3k}{2} \\ -\frac{k}{2} & \frac{k^2-3k}{2} & -2\theta \end{bmatrix}$。由于矩阵 H_6 负定，因此制造商利润函数 π_m^M 关于 w、p_m 和 p_e 有最优解，分别令 $\frac{\partial \pi_m^M}{\partial w}=0$、$\frac{\partial \pi_m^M}{\partial p_m}=0$ 和

$\frac{\partial \pi_m^M}{\partial p_e}=0$,可得制造商最优解 w^{M^*}、$p_m^{M^*}$、$p_e^{M^*}$ 如定理 4.2 所示。

将 w^{M^*}、$p_m^{M^*}$、$p_e^{M^*}$ 代入 $p_r=\frac{as+(1-k)p_m+w}{2}$ 即可求得零售商最优产品零售价如定理 4.2 所示,再由(4.3)式和(4.4)式可得制造商和零售商的最大利润。

证毕!

11. 定理 4.3 的证明

证明:用逆向归纳法求解。

求解零售商的最优决策。零售商利润函数 π_r^R 分别对 p_r 和 p_e 求偏导数,得到 $\frac{\partial \pi_r^R}{\partial p_r}=as-2p_r+(1-k)p_m+w-kp_e+kc_r$、$\frac{\partial \pi_r^R}{\partial p_e}=a-kp_m-kp_r-2\theta p_e+\theta c_r$。零售商海塞矩阵为 $H_7=\begin{bmatrix}-2 & -k \\ -k & -2\theta\end{bmatrix}$。由于 H_7 负定,因此零售商利润函数 π_r^R 关于 p_r 和 p_e 有最优解,令 $\frac{\partial \pi_r^R}{\partial p_r}=0$、$\frac{\partial \pi_r^R}{\partial p_e}=0$,得到 $p_r=\frac{(k^2+2\theta-2k\theta)p_m+2\theta as-ak+\theta kc_r+2\theta w}{4\theta-k^2}$、$p_e=\frac{2a-c_rk^2+2\theta c_r+(k^2-3k)p_m-kw-aks}{4\theta-k^2}$,将 p_r、p_e 代入(4.5)式,求解制造商最优决策。

求解制造商的最优决策。制造商利润函数 π_m^M 分别对 w 和 p_m 求偏导数,得到 $\frac{\partial \pi_m^M}{\partial w}=\frac{2\theta as+ak-c_r\theta k+[4\theta(1-k)-2k^2+k^3]p_m-4\theta w-ask^2}{4\theta-k^2}$、$\frac{\partial \pi_m^M}{\partial p_m}=\frac{ask^2}{4\theta-k^2}+\frac{4a\theta+c_r\theta k-2a\theta sk-c_r\theta k^2+[4\theta(1-k)-2k^2+k^3]w+2(2k^2-2\theta-4k\theta-k^3+2\theta k^2)p_m}{4\theta-k^2}+\frac{-2a\theta s-ak}{4\theta-k^2}$。制造商海塞矩阵 $H_8=\begin{bmatrix}\frac{-4\theta}{4\theta-k^2} & \frac{4\theta(1-k)-2k^2+k^3}{4\theta-k^2} \\ \frac{4\theta(1-k)-2k^2+k^3}{4\theta-k^2} & \frac{2k^2(2-k+2\theta)-4\theta(1+2k)}{4\theta-k^2}\end{bmatrix}$。由于

H_8 负定,因此制造商利润函数关于 w 和 p_m 有最优解,令 $\frac{\partial \pi_m^M}{\partial p_m}=0$、$\frac{\partial \pi_m^M}{\partial w}=0$,制造商最优解

$p_m^{R*} = \frac{a[16\theta^2(1-ks)-k^5s-4\theta k^2(1+s)+k^4(1+2s)-2k^3(1-3s\theta)]+Jk}{(2k-k^2)(32\theta^2-2k^3+k^4-8k^2\theta)}$、$w^{R*} = \frac{J(k+k^2-8\theta)+a\{16\theta^2-4k\theta(1-s)(4\theta-k)-k^5s-2k^3(1+3\theta s)+k^4[1+2s(\theta+1)]\}}{(2k-k^2)(32\theta^2-8k^2\theta-2k^3+k^4)}$,其中,$J=\theta c, k^2(2-k)$。

将 p_m^{R*} 和 w^{R*} 代入 p_r 和 p_e,即可求得零售商最优产品零售价和延保服务零售价如定理 4.3 所示。再由(4.5)式和(4.6)式即可求得制造商和零售商的最大利润。

证毕!

12. 命题 4.1 的证明

证明:

$\frac{dw^{B*}}{ds} = \frac{ak}{2(2k-k^2)} > 0$,

$\frac{dw^{M*}}{ds} = \frac{2ka(4\theta-k^2)}{2(2k-k^2)(8\theta-4k+k^2)} > 0$,

$\frac{dw^{R*}}{ds} = \frac{ak[4\theta(4\theta-k)-k^4-6\theta k^2+2(\theta+1)k^3]}{(2k-k^2)(32\theta^2-8k^2\theta-2k^3+k^4)} > 0$,

$\frac{dp_m^{B*}}{ds} = \frac{-ak}{2(2k-k^2)} < 0$,

$\frac{dp_m^{M*}}{ds} = \frac{-2ka(4\theta+k^2-3k)}{2(2k-k^2)(8\theta-4k+k^2)} < 0$,

$\frac{dp_m^{R*}}{ds} = \frac{-ak(16\theta^2+k^4+4\theta k-2k^3-6\theta k^2)}{(2k-k^2)(32\theta^2-8k^2\theta-2k^3+k^4)} < 0$,

$\frac{dp_r^{B*}}{ds} = \frac{a(4k-k^2)}{4(2k-k^2)} > 0$,

$\frac{dp_r^{M*}}{ds} = \frac{2ka[2k^2+8\theta-k(3+2\theta)]}{2(2k-k^2)(8\theta-4k+k^2)} > 0$,

$\frac{dp_r^{R*}}{ds} = \frac{ak[32\theta^2-2\theta k^2+k^4-2k^3-4\theta k(1+2\theta)]}{(2k-k^2)(32\theta^2-8k^2\theta-2k^3+k^4)} > 0$,

$$\frac{\mathrm{d}p_e^{M^*}}{\mathrm{d}s} = \frac{-ka}{8\theta - 4k + k^2} < 0,$$

$$\frac{\mathrm{d}p_e^{R^*}}{\mathrm{d}s} = \frac{-2ak(2\theta - k)}{32\theta^2 - 8k^2\theta - 2k^3 + k^4} < 0。$$

证毕!

13. 命题 4.2 的证明

证明:

$$w^{B^*} - w^{M^*} = \frac{a(2-ks) - 4c_m\theta}{2(8\theta - 4k + k^2)},$$ 由制造商延保服务需求 $d^M \geq 0$ 可得 $a(2-ks) - 4c_m\theta \geq 0$,所以 $w^{B^*} \geq w^{M^*}$。

证毕!

14. 命题 4.3 的证明

证明:

$$p_m^{B^*} - p_m^{M^*} = \frac{a(2-ks) - 4c_m\theta}{2(8\theta - 4k + k^2)},$$ 由 $a(2-ks) - 4c_m\theta \geq 0$ 可知 $p_m^{B^*} \geq p_m^{M^*}$。

$$p_m^{B^*} - p_m^{R^*} = \frac{k[a(k-k^2s+4\theta s) - 2c_r k\theta]}{2(32\theta^2 - 8k^2\theta - 2k^3 + k^4)},$$ 由零售商产品需求 $sa - p_r + bp_m \geq 0$ 可得 $a(k - k^2s + 4\theta s) - 2c_r k\theta \geq 0$,所以 $p_m^{B^*} \geq p_m^{R^*}$。

证毕!

15. 命题 4.4 的证明

证明:

$$p_r^{B^*} - p_r^{M^*} = \frac{(2-k)[a(2-ks) - 4c_m\theta]}{4(8\theta - 4k + k^2)},$$ 由于 $a(2-ks) - 4c_m\theta \geq 0$,因此 $p_r^{B^*} \geq p_r^{M^*}$。

$$p_r^{B^*} - p_r^{R^*} = \frac{(1-k)(2ak - 4c_r\theta k + 8as\theta) + 8\theta(a - 2c_r\theta) + ak^3}{4(32\theta^2 - 8k^2\theta - 2k^3 + k^4)},$$ 记 $\phi = 8\theta(a - 2c_r\theta) + ak^3 + (1-k)(2ak - 4c_r\theta k + 8as\theta)$,因为 $a > 2c_r\theta$,所以 $\phi > 0$。

证毕!

16. 命题 4.5 的证明

证明：

$$D^{M^*}-D^{B^*}=\frac{k(4-k)[a(2-ks)-4c_m\theta]}{4(8\theta-4k+k^2)}$$，由 $a(2-ks)-4c_m\theta \geqslant 0$ 可知 $D^{M^*}\geqslant D^{B^*}$。

$$D^{R^*}-D^{B^*}=\frac{k^2(ask^3-2ak^2-2ak^2s+4ak-8a\theta sk+8a\theta+16a\theta s+4c_r\theta k^2-8c_rk\theta-16c_r\theta^2)}{4(32\theta^2-8k^2\theta-2k^3+k^4)}$$，

令 $\xi=ask^3-2ak^2-2ak^2s+4ak-8a\theta sk+8a\theta+16a\theta s+4c_r\theta k^2-8c_rk\theta-16c_r\theta^2$，由 R 模式下延保需求 $d^R\geqslant 0$ 可得 $8a\theta>4aks\theta+ak^2+16c_r\theta^2-2ask^2-2c_r\theta k^2$，代入 ξ，得到 $\xi>ask^3+k(4-k)(a-2c_r\theta)+4a\theta s(1-k)+4as(3\theta-k^2)>0$，$D^{R^*}\geqslant D^{B^*}$。

$$D^{M^*}-D^{R^*}=\frac{2k\theta\{2c\theta[16\theta(k-2)+8k^2-3k^3]+a[3k^3-sk^4+32\theta-16k(\theta+2s\theta)+4k^2(2s-2+3\theta s)]\}}{(8\theta-4k+k^2)(32\theta^2-8k^2\theta-2k^3+k^4)}$$，

令 $\Delta=2c\theta(16k\theta+8k^2-3k^3-32\theta)+a[3k^3-sk^4+32\theta-16k(\theta+2s\theta)+4k^2(2s-2+3\theta s)]$，当 $\Delta\geqslant 0$ 时，$D^{M^*}\geqslant D^{R^*}$；当 $\Delta<0$ 时，$D^{M^*}<D^{R^*}$。

证毕！

17. 定理 4.4 的证明

证明：

证明(1)的结论。$\pi_m^{M^*}-\pi_m^{B^*}=\frac{[4c_m\theta-a(2-ks)]^2}{8(8\theta-4k+k^2)}\geqslant 0$，结论(1)得证。

证明(2)的结论。$\pi_m^{M^*}-\pi_m^{R^*}=\frac{\rho}{4(8\theta-4k+k^2)(32\theta^2-8k^2\theta-2k^3+k^4)}$，其中，$\rho$ 如定理 4.4 中所定义，讨论 ρ 的正负即可得到定理 4.4 中(2)的结论。

证毕！

18. 定理 4.5 的证明

证明：

先比较 M 模式和 B 模式下的零售商利润，由 $\pi_r^{M^*}$ 和 $\pi_r^{B^*}$ 的表达式可知,判断 $\pi_r^{M^*} - \pi_r^{B^*}$ 的符号等价于判断 $\sqrt{\pi_r^{M^*}} - \sqrt{\pi_r^{B^*}}$ 的符号,$\sqrt{\pi_r^{M^*}} - \sqrt{\pi_r^{B^*}} = \dfrac{k[a(2-ks)-4c_m\theta]}{4(8\theta-4k-k^2)}$,因为 $a(2-ks)-4c_m\theta \geqslant 0$,所以 $\sqrt{\pi_r^{M^*}} \geqslant \sqrt{\pi_r^{B^*}}$。

$\pi_r^{R^*} - \pi_r^{B^*} = \dfrac{\mu}{16(32\theta^2-8k^2\theta-2k^3+k^4)^2}$,其中,$\mu = -a^2 s^2(-2k^3+k^4-8k^2\theta+32\theta^2)^2 + 16\theta\{2[-2c_r k\theta + a(k-k^2 s+4\theta s)]\}\{-2c_r k(k^2-6\theta)\theta + a[-6k\theta + k^3(1-2s) + 2k^2\theta s + 8\theta^2 s]\} + \{2c_r(k^2-8\theta)\theta + a[8\theta-4k\theta s+k^2(2s-1)]\}^2$,判断 $\pi_r^{R^*} - \pi_r^{B^*}$ 的符号等价于判断 μ 的符号,虽然 μ 的表达式非常复杂,难以做出严格的数学解析证明,但是可以利用数学软件 Mathematica 判断 μ 的符号。

用 Mathematica 判断 μ 的符号的方法如下:

在 Mathematica 中输入目标函数 μ 和约束条件,程序:

Resolve[Exists[$\{a,c_r,k,\theta,s\}$, $-a^2 s^2(-2k^3+k^4-8k^2\theta+32\theta^2)^2 + 16\theta(2(-2c_r k\theta + a(k-k^2 s+4\theta s))(-2c_r k(k^2-6\theta)\theta + a(-6k\theta+k^3(1-2s)+2k^2\theta s+8\theta^2 s)) + (2c_r(k^2-8\theta)\theta + a(8\theta-4k\theta s+k^2(2s-1)))^2 < 0$ && $0 < k < 1$ && $0 < s < 1$ && $a > 200$ && $\theta > 1$ && $c_r > 1$ && $2c_r(k^2-8\theta) + a(8\theta-4k\theta s+k^2(2s-1)) > 0$]];

False

Mathematica 运行结果为 False,也就是说利用 Mathematica 判断给定约束条件下 $\mu < 0$ 是否正确,软件运行结果为 False,即不存在参数 a、c_r、k、θ、s 使得 $\mu < 0$,所以 $\mu \geqslant 0$。

证毕!

19. 定理 5.1 的证明

证明:用逆向归纳法求解。

求解零售商最优决策。零售商利润函数 π_r^{MR} 分别对 p 和 p_{er} 求一阶偏导数,得到 $\dfrac{\partial \pi_r^{MR}}{\partial p} = a - 2p + w - s_r p_{er} + s_r c_r$,$\dfrac{\partial \pi_r^{MR}}{\partial p_{er}} = s_r a - s_r p - 2\theta p_{er} +$

$\sigma p_{em}+\theta c_r$。构造零售商海塞矩阵 $H_9 = \begin{bmatrix} -2 & -s_r \\ -s_r & -2\theta \end{bmatrix}$。由于 H_9 负定，因此零售商利润函数有最优解。令 $\frac{\partial \pi_r^{MR}}{\partial p}=0$、$\frac{\partial \pi_r^{MR}}{\partial p_{er}}=0$，得到零售商产品零售价和延保服务零售价分别为 $p^{MR} = \frac{a(2\theta-s_r^2)}{4\theta-s_r^2}+$ $\frac{-\sigma s_r p_{em}+\theta s_r c_r+2\theta w}{4\theta-s_r^2}$、$p_{er}^{MR}=\frac{s_r(a-w)+2\sigma p_{em}+(2\theta-s_r^2)c_r}{4\theta-s_r^2}$。

求解制造商最优决策。制造商利润函数 π_m^{MR} 分别对 w 和 p_{em} 求一阶偏导数，得到 $\frac{\partial \pi_m^{MR}}{\partial w}=\frac{2a\theta+\sigma s_r c_m+\theta(2s_m c_m-s_r c_r-2s_m p_{em}-4w)}{4\theta-s_r^2}$、$\frac{\partial \pi_m^{MR}}{\partial p_{em}}=$ $\frac{\theta(4\theta-s_r^2)(c_m-2p_{em})}{4\theta-s_r^2}+\frac{\theta(2as_m-s_m s_r c_r+2c_r\sigma-2s_m w)+\sigma(as_r-c_m s_m s_r-c_r s_r^2-2c_m\sigma+2s_m s_r p_{em}+4\sigma p_{em})}{4\theta-s_r^2}$。

构造制造商海塞矩阵 $H_{10}=\begin{bmatrix} \frac{-4\theta}{4\theta-s_r^2} & \frac{-2\theta s_m}{4\theta-s_r^2} \\ \frac{-2\theta s_m}{4\theta-s_r^2} & \frac{-8\theta^2+2\theta s_r^2+\sigma(2s_m s_r+4\sigma)}{4\theta-s_r^2} \end{bmatrix}$，当 $8\theta^2-2\theta s_r^2-4\sigma^2-2\sigma s_m s_r-\theta s_m^2>0$ 时，H_{10} 负定，制造商利润 π_m^{MR} 关于 w 和 p_{em} 存在最优解，令 $\frac{\partial \pi_m^{MR}}{\partial w}=0$、$\frac{\partial \pi_m^{MR}}{\partial p_{em}}=0$，得到制造商最优产品批发价和最优延保服务零售价分别为 $w^{MR*}=\frac{1}{4}\left[2a-\frac{(\theta s_m^2+s_m s_r\sigma)(2a-c_m s_m-2c_r s_r)+4s_m\sigma\theta c_r}{\delta}\right]+\frac{1}{4}(c_m s_m-c_r s_r+\frac{c_m s_r \sigma}{\theta})$、$p_{em}^{MR*}=\frac{\theta[8\theta c_m+2as_m-s_m s_r c_r-2c_m(s_m^2+s_r^2)]-4c_m\sigma^2+\sigma[4\theta c_r+s_r(2a-3s_m c_m-2c_r s_r)]}{2\theta[8\theta-1+(2-3s_r)s_r]-4s_m s_r\sigma-8\sigma^2}$。

将 w^{MR*} 和 p_{em}^{MR*} 代入 p^{MR} 和 p_{er}^{MR}，就可以得到零售商最优产品零售价 p^{MR*} 和延保服务零售价 p_{er}^{MR*} 如定理 5.1 所示。将 w^{MR*}、p^{MR*}、p_{er}^{MR*} 和 p_{em}^{MR*} 分别代入(5.1)式和(5.2)式，就可以得到制造商和零售商的最大利润为定理 5.1 中的结果。

证毕！

20. 定理 5.2 的证明

证明：用逆向归纳法求解。

求解零售商最优决策。零售商利润函数 π_r^{MM} 分别对 p 和 p_{er} 求一阶偏导数，得到 $\dfrac{\partial \pi_r^{MM}}{\partial p} = a - 2p + w - s_r p_{er} + s_r w_e$、$\dfrac{\partial \pi_r^{MM}}{\partial p_{er}} = s_r(a-p) - 2\theta p_{er} + \sigma p_{em} + \theta w_e$。零售商海塞矩阵为 $H_{11} = \begin{bmatrix} -2 & -s_r \\ -s_r & -2\theta \end{bmatrix}$。由于 $\theta > 1$、$s_r < 1$、$4\theta - s_r^2 > 0$，因此零售商利润函数有最优解。令 $\dfrac{\partial \pi_r^{MM}}{\partial p} = 0$、$\dfrac{\partial \pi_r^{MM}}{\partial p_{er}} = 0$，得到零售商产品零售价和延保服务零售价为 $p^{MM} = \dfrac{a(2\theta - s_r^2) + 2\theta w + s_r(\theta w_e - \sigma p_{em})}{4\theta - s_r^2}$、$p_{er}^{MM} = \dfrac{s_r(a-w) + 2\sigma p_{em} - (2\theta - s_r^2) w_e}{4\theta - s_r^2}$。

求解制造商最优决策。制造商利润函数 π_m^{MM} 对 w、w_e 和 p_{em} 求一阶偏导数和二阶偏导数，得到 $\dfrac{\partial \pi_m^{MM}}{\partial w} = \dfrac{2a\theta + c_m s_r \sigma + \theta[c_m(s_m+1) - 4w - 2s_m p_{em} - 2s_r w_e]}{4\theta - s_r^2}$、$\dfrac{\partial \pi_m^{MM}}{\partial w_e} = \dfrac{a\theta s_r - \sigma s_r^2(p_{em} - c_m) + \theta[c_m(s_m s_r - 2\sigma) + 4\sigma p_{em} - s_r(s_m p_{em} + 2w)] + 2\theta^2(c_m - 2w_e)}{4\theta - s_r^2}$、$\dfrac{\partial \pi_m^{MM}}{\partial p_{em}} = \dfrac{(2p_{em} - c_m)[s_r^2 - 4\theta^2 + \sigma(s_m s_r + 2\sigma)] + \sigma(as_r - s_r^2 w_e) + \theta[2s_m(a-w) - 2c_m \sigma - s_m s_r w_e + 4\sigma w_e]}{4\theta - s_r^2}$。制造商海塞矩阵为 $H_{12} = \begin{bmatrix} \dfrac{-4\theta}{4\theta - s_r^2} & \dfrac{-2s_m}{4\theta - s_r^2} & \dfrac{-2s_r}{4\theta - s_r^2} \\ \dfrac{-2s_m}{4\theta - s_r^2} & \dfrac{-8\theta^2 + 2\theta s_r^2 + 2\sigma(s_m s_r + 2\sigma)}{4\theta - s_r^2} & \dfrac{\theta(4\sigma - s_m s_r) - s_r^2 \sigma}{4\theta - s_r^2} \\ \dfrac{-2\theta s_r}{4\theta - s_r^2} & \dfrac{\theta(4\sigma - s_m s_r) - s_r^2 \sigma}{4\theta - s_r^2} & \dfrac{-4\theta^2}{4\theta - s_r^2} \end{bmatrix}$。由海塞矩阵的判定条件可得，当 $8\theta^3 - \theta^2(s_m^2 + 2s_r^2) + \sigma^2 s_r^2 - 2\theta\sigma(s_m s_r + 4\sigma) > 0$，$\sigma s_r^4 - $

$8\theta\sigma^2 s_r^2 + \theta\{(4\theta - s_r^2)[2s_m s_r \sigma - \theta(8\theta - s_m^2 - 2s_r^2)] + 4\sigma^2(8\theta - s_r^2)\} < 0$ 时,矩阵 H_{12} 负定,制造商利润 π_m^{MM} 关于 w、w_e 和 p_{em} 有唯一最优解,令 $\frac{\partial \pi_m^{MM}}{\partial w} = 0$、$\frac{\partial \pi_m^{MM}}{\partial w_e} = 0$,$\frac{\partial \pi_m^{MM}}{\partial p_{em}} = 0$,得到制造商最优产品批发价、延保服务批发价和延保服务定价分别如定理 5.2 所示。

将 w^{MM^*}、$p_{em}^{MM^*}$ 和 $w_e^{MM^*}$ 代入 p^{MM} 和 p_{er}^{MM} 就可以得到零售商最优产品零售价 p^{MM^*} 和延保服务零售价 $p_{er}^{MM^*}$ 如定理 5.2 所示。将 w^{MM^*}、$w_e^{MM^*}$、p^{MM^*}、$p_{er}^{MM^*}$ 和 $p_{em}^{MM^*}$ 代入(5.3)式和(5.4)式,就可以得到制造商和零售商的最大利润为定理 5.2 中的结果。

证毕!

21. 命题 5.1 的证明

证明:以 MR 模式为例证明。

$$\frac{dw^{MR^*}}{da} = \frac{1}{4}\left[2 + \frac{2s_m(\theta s_m + \sigma s_r)}{8\theta^2 - 2\theta s_r^2 - 2\sigma s_m s_r - 4\sigma^2 - \theta s_m^2}\right] > 0$$

$$\frac{dp^{MR^*}}{da} = \frac{6\theta^2 - 2\theta s_r^2 - 2\sigma s_m s_r - 3\sigma^2 - \theta s_m^2}{8\theta^2 - 2\theta s_r^2 - 2\sigma s_m s_r - 4\sigma^2 - \theta s_m^2} > 0$$

$$\frac{dw^{MR^*}}{dc_m} = \frac{1}{4}\left[s_m + \frac{s_r \sigma}{\theta} + \frac{s_m^2(\theta s_m + s_r \sigma)}{8\theta^2 - 2\theta s_r^2 - 2\sigma s_m s_r - 4\sigma^2 - \theta s_m^2}\right] > 0$$

$$\frac{dp^{MR^*}}{dc_m} = \frac{s_m(2\theta^2 - \sigma^2)}{2(8\theta^2 - 2\theta s_r^2 - 2\sigma s_m s_r - 4\sigma^2 - \theta s_m^2)} > 0$$

证毕!

22. 定理 5.3 的证明

证明:

对 MR 模式和 MM 模式下的零售商利润求差,判断正负,就可以得出定理 5.3 的结论。

证毕!

23. 定理 5.4 的证明

证明：

对 MR 模式和 MM 模式下的制造商利润求差，判断正负，就可以得出定理 5.4 的结论。

证毕！

24. 定理 6.1 的证明

证明：用逆向归纳法求解。

求解零售商的最优决策。零售商利润函数 π_r 分别对 p_{er} 和 p_r 求一阶偏导数，得到 $\frac{\partial \pi_r}{\partial p_{er}} = (a - p_r + bp_m)(1 + c_r q_r - \frac{2p_{er}}{\lambda q_r})$、$\frac{\partial \pi_r}{\partial p_r} = a - 2p_r - (p_{er} - \lambda c_r q_r^2)(1 - \frac{p_{er}}{\lambda q_r}) + bp_m + w$。零售商海塞矩阵 $H_{13} = \begin{bmatrix} -2 & 0 \\ 0 & -\frac{2(a - p_r + bq_m)}{\lambda q_r} \end{bmatrix}$。由于 H_{13} 为负定矩阵，因此零售商的利润函数 π_r 关于 p_r 和 p_{er} 有最优解。令 $\frac{\partial \pi_r}{\partial p_r} = 0$、$\frac{\partial \pi_r}{\partial p_{er}} = 0$，得到零售商最优解 $p_r = \frac{a + bp_m + w}{2} - \frac{\lambda q_r (1 - c_r q_r)}{8}$、$p_{er} = \frac{\lambda q_r + \lambda c_r q_r^2}{2}$。

求解制造商的最优决策。制造商利润函数 π_m 分别对批发价 w 求一阶和二阶导数，得到 $\frac{d\pi_m}{dw} = \frac{a + 2bp_m}{2} + \frac{\lambda q_r (1 - c_r q_r)^2}{8} - w + \frac{b(\lambda - p_{em})(p_{em} - \lambda c_m)}{2\lambda}$、$\frac{d^2\pi_m}{dw^2} = -1$。由于 $\frac{d^2\pi_m}{dw^2} = -1 < 0$，因此 π_m 关于 w 有最优解。令 $\frac{d\pi_m}{dw} = 0$，得到制造商最优产品批发价 $w_0^* = \frac{a + 2bp_m}{2} + \frac{\lambda q_r (1 - c_r q_r)^2}{8} + \frac{b(\lambda - p_{em})(p_{em} - \lambda c_m)}{2\lambda}$。可得零售商最优产品定价 $p_{r0}^* = \frac{3a + 4bp_m}{4} - \frac{\lambda q_r (1 - c_r q_r)^2}{16} + \frac{b(\lambda - p_{em})(p_{em} - \lambda c_m)}{4\lambda}$，零售商最优延

保服务定价 $p_{er0}^{*}=\dfrac{\lambda q_{r}+\lambda c_{r}q_{r}^{2}}{2}$。

将最优定价带入(6.1)式和(6.2)式就可以得到制造商和零售商的最大利润如定理 6.1 所示。

证毕!

25. 定理 6.2 的证明

证明:用逆向归纳法求解。

求解零售商的最优决策。零售商利润函数 π_r 分别对 p_r 和 p_{er} 求一阶偏导数,得到 $\dfrac{\partial \pi_r}{\partial p_r}=a-2p_r+bp_m+w-(p_{er}-\lambda c_r q_r^2)\times\dfrac{p_{em}q_r-p_{er}}{\lambda q_r(1-q_r)}$、$\dfrac{\partial \pi_r}{\partial p_{er}}=(a-p_r+bp_m)\times\dfrac{p_{em}q_r+\lambda c_r q_r^2-2p_{er}}{\lambda q_r(1-q_r)}$。零售商的海塞矩阵 $H_{14}=\begin{bmatrix}-2 & 0\\ 0 & -\dfrac{2(a-p_r+bp_m)}{\lambda q_r(1-q_r)}\end{bmatrix}$。由于 H_{14} 为负定矩阵,因此零售商利润函数 π_r 关于 p_r 和 p_{er} 有最优解。分别令 $\dfrac{\partial \pi_r}{\partial p_r}=0$、$\dfrac{\partial \pi_r}{\partial p_{er}}=0$,得到 $p_r=-\dfrac{q_r(p_{em}-\lambda c_r q_r)^2}{8\lambda(1-q_r)}+\dfrac{a+bp_m+w}{2}$、$p_{er}=\dfrac{p_{em}q_r+\lambda c_r q_r^2}{2}$。

求解制造商的最优决策。制造商利润函数 π_m 分别对批发价 w 求一阶和二阶导数,得到 $\dfrac{\mathrm{d}\pi_m}{\mathrm{d}w}=-(p_{em}-\lambda c_m)\left[\dfrac{\lambda(1-b)+bp_{em}}{2\lambda}+\dfrac{q_r(p_{em}+\lambda c_r q_r)-2p_{em}}{4\lambda(1-q_r)}\right]-w+\dfrac{q_r(p_{em}-\lambda c_r q_r)^2}{8\lambda(1-q_r)}+\dfrac{a+2bp_m}{2}$,$\dfrac{\mathrm{d}^2\pi_m}{\mathrm{d}w^2}=-1<0$,所以 π_m 关于 w 有最优解。令 $\dfrac{\mathrm{d}\pi_m}{\mathrm{d}w}=0$,得到制造商最优批发价 $w_1^{*}=\dfrac{q_r(p_{em}-\lambda c_r q_r)^2}{8\lambda(1-q_r)}+\dfrac{a+2bp_m}{2}-(p_{em}-\lambda c_m)\left[\dfrac{\lambda(1-b)+bp_{em}}{2\lambda}+\dfrac{q_r(p_{em}+\lambda c_r q_r)-2p_{em}}{4\lambda(1-q_r)}\right]$,可得到零售商最优产品定价

$$p_{r1}^* = \frac{3a+4bp_m}{4} - (p_{em}-\lambda c_m)\left[\frac{\lambda(1-b)+bp_{em}}{4\lambda} + \frac{q_r(p_{em}+\lambda c_r q_r)-2p_{em}}{8\lambda(1-q_r)}\right] -$$

$\frac{q_r(p_{em}-\lambda c_r q_r)^2}{16\lambda(1-q_r)}$,零售商最优延保服务定价 $p_{er1}^* = \frac{p_{em}q_r+\lambda c_r q_r^2}{2}$。

将上述最优定价带入(6.3)式和(6.4)式,就可以得到制造商和零售商的最大利润如定理 6.2 所示。

证毕！

26. 定理 6.3 的证明

证明：用逆向归纳法求解。

求解零售商的最优决策。零售商利润函数 π_{r2} 分别对 p_r 和 p_{er} 求一阶偏导数,得到 $\frac{\partial \pi_{r2}}{\partial p_r} = a - 2p_r + bp_m + w - (1-b)(p_{er}-\lambda c_r q_r^2) \times$

$\frac{p_{em}q_r - p_{er}}{\lambda q_r(1-q_r)}$,$\frac{\partial \pi_{r2}}{\partial p_{er}} = [2a-(1-b)(p_r+p_m)] \times \frac{p_{em}q_r+\lambda c_r q_r^2 - 2p_{er}}{\lambda q_r(1-q_r)}$。构

造零售商海塞矩阵 $H_{15} = \begin{bmatrix} -2 & 0 \\ 0 & -\frac{2[2a-(1-b)(p_r+p_m)]}{\lambda q_r(1-q_r)} \end{bmatrix}$,由于 H_{15}

为负定矩阵,因此零售商利润函数 π_{r2} 关于 p_r 和 p_{er} 有最优解。分别令

$\frac{\partial \pi_{r2}}{\partial p_r} = 0$、$\frac{\partial \pi_{r2}}{\partial p_{er}} = 0$,得到 $p_r = \frac{a+bp_m+w}{2} - \frac{(1-b)q_r(p_{em}-\lambda c_r q_r)^2}{8\lambda(1-q_r)}$、

$p_{er} = \frac{p_{em}q_r+\lambda c_r q_r^2}{2}$。

求解制造商的最优决策。制造商利润函数 π_{m2} 分别对批发价 w 求一阶和二阶导数,得到 $\frac{d\pi_{m2}}{dw} = -(1-b)(p_{em}-\lambda c_m)$

$\left[\frac{q_r(p_{em}+\lambda c_r q_r)-2p_{em}+2\lambda(1-q_r)}{4\lambda(1-q_r)}\right] + \frac{(1-b)q_r(p_{em}-\lambda c_r q_r)^2}{8\lambda(1-q_r)} +$

$\frac{a+2bp_m}{2} - w$。由于 $\frac{d^2\pi_{m2}}{dw^2} = -1 < 0$,因此 π_{m2} 关于 w 有最优解。令 $\frac{d\pi_{m2}}{dw} = 0$,

得到制造商最优产品批发价 $w_2^* = \frac{(1-b)q_r(p_{em}-\lambda c_r q_r)^2}{8\lambda(1-q_r)} - (1-b)(p_{em}-$

$\lambda c_m) \times \dfrac{q_r(p_{em}+\lambda c_r q_r)-2p_{em}+2\lambda(1-q_r)}{4\lambda(1-q_r)} + \dfrac{a+2bp_m}{2}$。可得到零售商最优产品定价 $p_{r2}^* = -(1-b)(p_{em}-\lambda c_m) \times \dfrac{2\lambda(1-q_r)+q_r(p_{em}+\lambda c_r q_r)-2p_{em}}{8\lambda(1-q_r)} + \dfrac{3a+4bp_m}{4} - \dfrac{(1-b)q_r(p_{em}-\lambda c_r q_r)^2}{16\lambda(1-q_r)}$，零售商最优延保服务定价 $p_{er2}^* = \dfrac{p_{em}q_r+\lambda c_r q_r^2}{2}$。

将上述最优解带入(6.5)式和(6.6)式，就可以得到制造商和零售商的最大利润如定理 6.3 所示。

证毕！

27. 命题 6.1 的证明

证明：

$$w_0^* - w_1^* = \dfrac{\Delta}{8\lambda(1-q_r)}, \text{其中}, \Delta = q_r(1-q_r)(\lambda-\lambda c_r q_r)^2 - q_r(p_{em}-\lambda c_r q_r)^2 - 2p_{em} + q_r(p_{em}+\lambda c_r q_r) + 2\lambda(1-q_r)$$，由 $0<1-\dfrac{p_{em}-p_{er1}^*}{\lambda(1-q_r)}<1$ 得到 $q_r(p_{em}+\lambda c_r q_r)+2\lambda(1-q_r)-2p_{em}>0$，且 $(1-q_r)(\lambda-\lambda c_r q_r)^2 - (p_{em}-\lambda c_r q_r)^2>0$，所以 $w_0^*>w_1^*$。

$$w_1^* - w_2^* = \dfrac{bq_r(p_{em}-\lambda c_r q_r)[(p_{em}-\lambda c_r q_r)+2(p_{em}-\lambda c_m)]}{8\lambda(1-q_r)}$$，因为 $p_{em} \geq \lambda c_m$、$p_{em} \geq \lambda c_r q_r$，所以 $(p_{em}-\lambda c_r q_r)[(p_{em}-\lambda c_r q_r)+2(p_{em}-\lambda c_m)]>0$，即 $w_1^*>w_2^*$。

证毕！

28. 命题 6.2 的证明

证明：

先证明①的结论。$p_{r0}^* - p_{r1}^* = f+n-2k$，当 $c_m \leq \dfrac{8(1-q_r)(f-2k)}{l} + \dfrac{p_{em}}{\lambda}$ 时，$p_{r0}^* \geq p_{r1}^*$；当 $c_m > \dfrac{8(1-q_r)(f-2k)}{l} + \dfrac{p_{em}}{\lambda}$ 时，$p_{r0}^* < p_{r1}^*$。

再证明②的结论。$p_{r2}^* - p_{r1}^* = \dfrac{bq_r(p_{em}-\lambda c_r q_r)(2\lambda c_m - p_{em} - \lambda c_r q_r)}{16\lambda(1-q_r)}$，因为 $p_{em} > \lambda c_r q_r$，所以当 $c_m \leqslant \dfrac{c_r q_r}{2} + \dfrac{p_{em}}{2\lambda}$ 时，$p_{r1}^* \geqslant p_{r2}^*$；当 $c_m > \dfrac{c_r q_r}{2} + \dfrac{p_{em}}{2\lambda}$ 时，$p_{r1}^* < p_{r2}^*$。

其中，k、f、n、l 如定理 6.1 和定理 6.2 中的定义。

证毕！

29. 命题 6.3 的证明

证明：

延保服务制造商单通时，零售商产品需求 $D_{r1} = a - p_{r1}^* + p_m$；延保服务双通时，零售商产品需求 $D_{r2} = a - p_{r2}^* + p_m$。因为 $D_{r2} - D_{r1} = \dfrac{bq_r(p_{em}-\lambda c_r q_r)(p_{em}-2\lambda c_m + \lambda c_r q_r)}{16\lambda(1-q_r)}$，所以当 $c_m \leqslant \dfrac{c_r q_r}{2} + \dfrac{p_{em}}{2\lambda}$ 时，$D_{r2} \geqslant D_{r1}$；否则 $D_{r2} < D_{r1}$。

证毕！

30. 命题 6.4 的证明

证明：

仅制造商开放延保服务时，零售商的产品边际利润为 $p_{r1}^* - w_1^*$，制造商和零售商均开放延保服务时，零售商的产品边际利润为 $p_{r2}^* - w_2^*$，$(p_{r2}^* - w_2^*) - (p_{r1}^* - w_1^*) = \dfrac{bq_r(p_{em}-\lambda c_r q_r)(5p_{em}-2\lambda c_m - 3\lambda c_r q_r)}{16\lambda(1-q_r)}$，由于 $p_{em} \geqslant \lambda c_m$、$p_{em} \geqslant p_{er} \geqslant \lambda c_r q_r$，因此 $5p_{em} - 2\lambda c_m - 3\lambda c_r q_r \geqslant 0$，即 $p_{r2}^* - w_2^* \geqslant p_{r1}^* - w_1^*$。

证毕！

31. 命题 6.5 的证明

证明：

因为 $\lambda \geqslant p_{em}$，所以 $p_{er0}^* \geqslant p_{er1}^*$，由定理 6.2 和定理 6.3 可知，$p_{er1}^* = p_{er2}^*$。

证毕！

32. 定理 6.4 的证明

证明：

$$\pi_{m1}^* - \pi_{m0}^* = \frac{1}{128\lambda^2(1-q_r)^2}\{p_{em}^2(4-3q_r) - 4\lambda p_{em}(1-q_r) - \lambda^2 q_r(q_r - 1 + 2c_r q_r - 2c_r q_r^2 + c_r^2 q_r^3) + 2\lambda c_m[p_{em}(q_r-2) + \lambda(2-2q_r+c_r q_r^2)]\}\{4p_{em}(1-2b)(\lambda q_r - \lambda + p_{em}) + q_r p_{em}^2(8b-3) + 2c_m\lambda\{p_{em}[q_r - 2 + 4b(1-q_r)] + \lambda[2-4b(1-q_r) - 2q_r + c_r q_r^2]\} + q_r\lambda^2(q_r-1) - 8a\lambda(1-q_r) + c_r\lambda^2 q_r^2(2-2q_r - 2c_r q_r + c_r q_r^2)\}$$，令 $\pi_{m1}^* \geqslant \pi_{m0}^*$，就可以得到 c_m 的的范围如定理 6.4 所示。

同理，令 $\pi_{r1}^* - \pi_{r0}^* \geqslant 0$，就可以得到 c_m 的范围如定理 6.4 所示。

证毕！